suhrkamp taschenbuch 2933

»Berlin ist voller Menschen, die nicht zugeben wollen, daß sie sich mögen«, heißt der letzte dieser neuen Berlintexte von Bodo Morshäuser.
Ob es hier um die Berliner Rockband Rammstein geht, die der Autor vehement verteidigt, um »sogenannte Senatoren«, die die Stadtbevölkerung auswechseln wollen, um Nachbarn, die schnell mal in den Balkan fliegen, um ihren persönlichen Krieg zu führen, oder überhaupt um das »Krankland«, in dem er lebt: Morshäuser schreibt in seinem neuen Buch eine rabiate und auch stellenweise zärtliche Prosa. »Liebeserklärung an eine häßliche Stadt« ist eine Abrechnung mit der Hauptstadt und zugleich eine schräge Hymne auf sie.
»Schöne Städte sind unerträglich. Venedig ist nahe daran, unerträglich zu sein. Es stinkt zum Himmel, wenn die Nebenkanäle ohne Wasser sind und auf dem kahlen Grund die Scheiße liegt. San Francisco ist nahe daran, unerträglich zu sein, hauste dort in den liegengelassenen Baulöchern nicht der schwarze Rand auf einem Stück hellbrauner Pappe. Eine schöne Stadt ist ein Widerspruch in sich. Berlin ist erträglich.«
Bodo Morshäuser, geboren 1953 in Berlin, veröffentlichte zuletzt die Erzählung *Gezielte Blicke* (Transit) und den Roman *Tod in New York City* (Suhrkamp).

Bodo Morshäuser
Liebeserklärung
an eine häßliche Stadt

Suhrkamp

Mit fünf Fotos von Unda Hörner

suhrkamp taschenbuch 2933
Originalausgabe
Erste Auflage 1998
Erste Auflage dieser Ausgabe 1998
© Suhrkamp Verlag Frankfurt am Main 1998
Suhrkamp Taschenbuch Verlag
Alle Rechte vorbehalten, insbesondere das
des öffentlichen Vortrags, der Übertragung
durch Rundfunk und Fernsehen
sowie der Übersetzung, auch einzelner Teile.
Druck: Nomos Verlagsgesellschaft, Baden-Baden
Printed in Germany
Umschlag nach Entwürfen von
Willy Fleckhaus und Rolf Staudt

1 2 3 4 5 6 – 03 02 01 00 99 98

Inhalt

Rammstein 9
Dorf 17
Wir 28
Weg hier 37
Haus und Hof 62
Schöne Rede 72
Schöne Sommer 87
Bratton war hier 96
Werberahmenprogramm 107
Bildstadt 115
129 Arten sich durch die Stadt
  zu bewegen 120
Schöne Ferien 126
Sag was du willst 135
Rammstein 2 144
Berlin ist voller Menschen, die nicht
  zugeben, daß sie sich mögen 153

Dank, Hinweis 157

Es kommt zu Euch

Rammstein

Begeistert vom Rammsteinhören, frage ich herum, was andere über Rammstein denken, und es geht schon wieder los: Das kriegsverarmte Land und Hitlers Schatten melden sich zurück, dieser idiotische Kriegswille und dieser idiotische Heilwille, heil heil heil. Ich komme eines Nachmittags zu Tailer, und in dem zugerauchten Zimmer sehe ich durch die Wolke hindurch Toto bei ihm sitzen, einen guten Informanten, einen sogenannten Rechten, den zu kennen ich mir genauso erlaube, wie ich es mir gestatte, sogenannte Linke zu kennen. Die beiden sind gerade beim Steineschieben. Seit Jahren ist es ihre Art, so zusammenzusitzen, daß ein Backgammonbrett zwischen ihnen liegt. Wie findest du Rammstein, frage ich Toto ins Spiel hinein. Zecken, sagt er, würfelt und setzt, Abschaum, Dreck, sagt er, richtet sich auf und würfelt und setzt. Was Zecken? Zecken, verstehste nicht, sagt er, würfelt und setzt, Linke, sagt er, Linke und Ostler, ganz herbe Mischung, Zecken eben, und würfelt und setzt und sinkt wieder in sich zusammen. Hast du dir mal Rammstein angehört, frage ich. Sowas höre ich mir doch nicht an, zischt er. Ich frage ihn nach aktuellen rechten Bands, er bläht wieder seinen Oberkörper auf und nennt ein paar Namen, mir bleiben Die verpißten Unterhosen in Erinnerung. Hier, zieh mal, sagt Tailer. Gern.

Paar Tage später kommt mir die sogenannte Illustrierte Stadtzeitung Zitty in die Hände, deren redaktionellen Teil ich lange schon nicht mehr beachte, doch habe ich nichts weiter zu tun und blättere arglos die ökologisch korrekt schmuddelgrauen Papierseiten hin und her und denke an nichts Böses, bis ich im Musikteil den Namen Rammstein aufschnappe und zum erstenmal seit Jahren wieder neugierig in diese Illustrierte Stadtzeitung blicke. Die sogenannte Musikredaktion bietet da ihren Lesern einen Rückblick über die größten musikalischen Ereignisse des Jahres an, mit Hitparaden, persönlichen Vorlieben von DJs undsoweiter, und am Ende des Artikels ist der Name Rammstein fett gedruckt, und ich giere da hin und muß lesen, daß für die Musikredaktion von Zitty das größte Ärgernis des Jahres 1997 der Erfolg von Rammstein gewesen sei. Nicht die Musik von Rammstein, nicht die Texte von Rammstein, sondern der Erfolg von Rammstein hat sie geärgert, las ich da, das muß man sich mal vorstellen, und das kann man sich in diesem Land natürlich sofort vorstellen. Die Musikredaktion von Zitty findet die Rammsteinmusik und die Rammsteintexte, die besten weit und breit, rechtslastig, brutal und sexistisch, also nicht vereinbar mit den angeblichen Idealen der Redaktion. Die Ideale dieser Illustrierten kann man im unterhaltsamen Anzeigenteil bewundern. Fußfetischisten suchen Leute, die tagelang ihre Turnschuhe nicht ausgezogen haben, um deren Schweißfüße abzulecken, oder ein Mann mit einem kleinen Schwanz, wie er schreibt, sucht eine Frau mit einem kleinen Mund, weil er es so gern mit dem Mund gemacht bekommt. Muß man von Musikredakteuren verlangen, daß sie lesen können? Mindestens müssen sie hören können. Doch diese Redakteure haben nichts gehört, nicht hingehört, obwohl doch Hören ihr Beruf sein sollte, sondern sie haben nach dem einmaligen Hineinhören, wie sie gerne sagen, nach dem kurzen und flüchtigen, stimmungsabhängigen Hineinhören haben sie bereits Bescheid und ihr Urteil gewußt.

Dann gehe ich zum Nachtmenschen und frage ihn, ob er Rammstein kenne, ja, und wie er Rammstein finde, na ja. Fast zufrieden, hier nicht noch so einen ideologischen Scheiß vorgesetzt zu bekommen, fange ich an zu fragen, was er über Rammstein wisse, und er murmelt in seiner murmelnden Art, daß er gehört habe, Rammstein hätten gesagt, sie machten auf rechts, weil das gut ankomme. Ich glaub, ich steh im Stadtwald.

Über die Musik der sechs Männer zu sprechen, die sich Rammstein nennen, macht mir schlagartig gegenwärtig, in welchem Land ich lebe, das einem Krankenlager gleicht, dieses Krankland, wo man die Haufen Scheiße in den Köpfen sehen oder herausfragen oder herausquellen sehen kann, ideologische Komplettscheiße, wie sie mich wohl bis ans Lebensende umspülen wird, falls ich es aushalte zu bleiben. Rammstein singen deutsche Texte, und da man sie auch verstehen kann, werden sie von den Korrektheitskontrolleuren gleich in die Korrektheitskontrolle mit einbezogen, die seit jeher die Frustrierten in diesem Land, die frustrierte Mehrheit, gesinnungstechnisch überhaupt noch am Leben erhält, am falschen Leben. Erfolg hat Rammstein bei Leuten unter dreißig Jahren. Angegriffen werden sie von Leuten über dreißig Jahren.

Werden die Feinde mehr noch mit Phantasien besetzt als die Freunde? Mich erinnert das an Hauptsache Deutsch und Warten auf den Führer, wo ich den Magnetismus des Interesses von Linken an Rechten untersuchte und unter anderem zu dem Schluß kam, daß die Rechten als Projektionsfläche für alles Schlechte auf der Welt dienen, auch für das Saugrottenschlechte in denen, die dann so gut und so politisch unappetitlich vollkorrekt argumentieren: Nazis raus oder Nazis in die Mülltonne. Selbstverständlich hat ein halbwegs denkender Gedankenmensch bei solcher Denkverweigerung einzugreifen und etwas mehr Anstrengung sowie Intelligenz zu fordern. Prompt schütteten dann einige Extragutlinke ihre Dreckkübel über mich aus und erklärten mich zu einem Rechten, einfach weil sie es nicht ertragen, daß man ihrer sauberen Ansicht widerspricht, Andersdenkende gehörten auf den Müllhaufen. Zeitgleich kamen die perversen Leserbriefe von ultrarechten, ultragebildeten Zeitlesern an, die sich erstaunlich gehen ließen. Die widerlichsten Leserbriefe erhalte ich regelmäßig von Zeitlesern. Sie beschimpften mich als Linken, der unsere unschuldigen national gesinnten Jugendlichen nicht in Ruhe läßt, sondern da hinterherfragt, was einen Skin zu einem Skin, einen Brandstifter zu einem Mörder gemacht hat. Da hatte ich diese perverse Mischung im Haus, von den einen als Linker, von den anderen als Rechter bedroht zu werden, einfach ekelhaft und weiterer Beweis dafür, daß ich richtig lag mit meiner vierjährigen Recherche und ihren Ergebnissen und daß ich einige blinde Flecken in der Irrsinnsargumentation Rechts/Links aufgespürt hatte. So schütteten die unerschütterlichen, unbeirrbaren, unverbrüchlichen Linken (die Unlinken) und die durchaus wohlsituierten Heimlichrechten (die ihre Absender nicht verheimlichten) ihre dreckigen Phantasien in meinen Briefkasten und in mein Telephon. Ja, Feind macht geil.

Immer wieder gibt es Themen, die wie Schnittkanten wirken, welche die Meinungen voneinander scheiden mit dem schärfsten aller Messer und für einen Aufruhr auf beiden Seiten sorgen, die sich noch miteinander verbunden, aber schon gegeneinander verfeindet fühlen und, in diesem Schicksal gefangen, nun ihren Lauf antreten, wobei eine Suche nach Nähe, einer geradezu erotischen Nähe zwischen den Verfeindeten bis hin zu vergleichbaren Vernichtungsphantasien und Totalitätsansprüchen auffällig bleibt.

Die Texte von Rammstein haben mit rechts und links nichts zu tun, wie jeder weiß, der Rammstein nicht nur gehört, sondern zugehört hat. Also jeder außer Toto und der sogenannten Musikredaktion dieser Illustrierten und etwaigen anderen Vollidioten, die sich politisch mit so etwas wie Musik befriedigen müssen, anstatt es einmal mit Politik zu versuchen. Rammstein bietet jedoch massenhaft Anknüpfungspunkte für unser Volk der Belehrer, über die jeder, aber auch jeder sagen kann, nein, aber bitte nein, so geht das doch nicht.

Das fängt beim Namen an. Darf man denn das? Auf der US-Militärbasis Ramstein kamen im August 1988 während einer Flugschau beim Zusammenstoß zweier italienischer Maschinen einer Kunstflugstaffel drei Piloten und 67 Zuschauer ums Leben und wurden etwa 350 verletzt. Im Fernsehen konnte man wochenlang wieder und wieder den Feuerball anschauen, der in Richtung Kamera raste, und betrachten, wie die Menschen auf dem Flugfeld vor dem Feuerball weg ebenfalls in Richtung Kamera rannten. Somit filmten die Kameras die authentischen schreckverzerrten Gesichter der Katastrophenteilhaber, was die Fernsehsender in die Lage versetzte, diese bizarren Bilder immer wieder zu zeigen, eifrig darauf hinweisend, wie schrecklich diese Bilder seien. Darf man denn das? Sich in Anlehnung an den Ort der Katastrophe Rammstein nennen und in dem gleichnamigen Lied singen vom Flammenmeer, von brennenden Menschen, vom Blut, das auf dem Asphalt gerinnt, und vom Fleischgeruch in der Luft? Egal, ob man das darf oder nicht. Die bizarre Schönheit dieses Liedes besteht darin, daß jede dritte Zeile lautet: Und die Sonne scheint. Man darf das machen, wenn es nur ein paar Versprengte anhören, wenn es eine kleine schmutzige Undergroundnummer bleibt, Minderheitenprogramm, freie Meinungsäußerung, was? Ist da aber so etwas wie Erfolg, fahren die Hörer auf diese Musik ab, verkauft sie sich, dann treten die Gesinnungskommissare einen Schritt vor und machen ihren Verbotsvorschlag fettgedruckt.

Alle paar Tage bin ich verabredet mit einem Freund, den ich hier den Rammsteinkomplizen nenne, damit wir die Stücke noch einmal gemeinsam anhören, uns auf die Kleinsteffekte hinweisen und alle dabei aufkommenden Fragen amtlich und letztgültig beantworten, oder auch nur um die richtigen Fragen zu stellen. Antworten kann jeder. Die Welt ist vollgestellt mit Antworten. Mit dem Erscheinen meines Rammsteinkomplizen knallt auch schon die Musik, die wir hören müssen, und ich lese ihm vor, was in der Illustrierten Stadtzeitung Zitty geschrieben steht, und feuere sie daraufhin in eine Zimmerecke und laufe dem zerfledderten Papier hinterher und springe auf es drauf, und mein Rammsteinkomplize schießt es von einer Ecke in die andere, zu mir hin, und ich zu ihm zurück, bis das Papier zerfetzt ist von unserem Pogo. Selbstverständlich geschieht das zu dem schönschnellharten Rhythmus von WOLLT IHR DAS BETT IN FLAMMEN SEHEN. Selbstverständlich. Rammstein.

Dorf

Die türkische Familie im Parterre hat wie so oft in diesen Sommertagen mittags bei offenen Fenstern laut die türkische Musik an, und ich bin gezwungen mitzuhören, wie aus einer vorsintflutlichen Musikanlage Popnummern quellen, die klingen, als schepperten sie aus Kleinlautsprechern, die sich in einer halb geöffneten Konservendose befinden. Da diese Konzerte sich meistens über Stunden hindehnen, schließe ich meine Fenster. Trotzdem höre ich weiterhin halblaut das Röhren dieser aufgedrehten Lieder. Wieder hat ein Nachbar mehrmals seine Fensterflügel gegen den Fensterrahmen gedonnert, doch ohne hörbaren Erfolg. Dies ist die Stunde, in der die anderen Bewohner dieses Hauses und dieses Hofes, so ruhig sie zuvor auch gewesen sind, rasend werden und ausflippen könnten – oder nicht. Ich habe die Wahl, wie der sympathische umstrittene Dichter, der vormittags öfter durch diese Dorfstraße schlendert, einen Kulturkampf um SITTENGESETZE zu halluzinieren und mir ein Szenario mit fließendem Blut auszumalen – oder nicht.

Da ein konzentriertes Arbeiten bei dieser nicht

bestellten Außenlautstärke unmöglich ist, disponiere ich um und ziehe los, um die Erledigungen des Tages sogleich hinter mich zu bringen. Vor der Tür der türkischen Familie im Parterre habe ich die Wahl, zu klingeln und sie über ihre Lautstärke und die Akustik im Hof zu belehren – oder nicht. Ich gehe an der Tür vorüber, denn draußen im Straßenkrach werde ich von deren Radau nichts mitbekommen, und wenn ich zurück bin, hat die Musik aller Erfahrung nach ausgespielt. Doch wer den Biß verspürt und sich reizen läßt, weil er vielleicht ein Stündchen zu wenig geschlafen hat, könnte das allnachmittägliche Remmidemmi im Parterre mit einem außergewöhnlichen Helter-Skelter-Auftritt beantworten und neue haltbare Feindschaften schließen.

Ich wohne in einem Dorf. Es liegt im Berliner Bezirk Charlottenburg zwischen Amtsgericht, Kantstraße, Windscheidstraße, Rönnestraße und Holtzendorffstraße. Als ich hierherzog, mochte ich das Viertel wegen seiner ruhigen zentralen Lage, wegen der Altbauten, des nahegelegenen Sees und der verschiedenen Cafés. Ich lebte mich ein, grüßte nach rechts und links und wurde zum Stadtdörfler. Mehr und mehr störten mich mit der Zeit jedoch die unterscheidungsambitionierten Attitüden mancher Bewohner, besonders solcher, die im sogenannten Kulturbetrieb arbeiteten und diesen virtuellen Ort auch noch so nannten. Erst nahm ich ein wenig Abstand vom Dorfleben, dann verweigerte ich mich ihm. Zu Verweigerungszeiten habe ich auf Nachfrage gesagt: »Die Straße, in der ich wohne.« Heute sage ich: »Das Dorf, in dem ich lebe.« Dorfzentrum und Marktplatz ist das westliche Ende des Stuttgarter Platzes, wo die Rönne- auf die Leonhardt- und diese auf die Windscheidstraße trifft; auf der gegenüberliegenden Seite ist auf dem früheren Gelände einer Tankstelle seit langem ein Kinderspielplatz angelegt; von dort aus schaut man auf drei wie Perlen an der Schnur aufgereihte Cafés, wo sich die Dorfbewohner und die Hergereisten begegnen: frühstückende Paare, zu Mittag speisende Bürogemeinschaften und nachmittags Milchkaffee trinkende, Zeitung lesende oder sich gründlich langweilende Singles. Mütter genießen die Blicknähe von Spielplatz und Café, um sowohl die Kinder als auch sich selbst auf ihre Kosten kommen zu lassen. Abends wird unter freiem Himmel allgemein getrunken; manch einsames Bierfaß kommt dafür extra aus einem anderen Dorf angereist.

Ich zog hier ein und fand: das Viertel war o. k., die Straße die schönste weit und breit. Doch was war mit einem Teil seiner Bewohner los? Wer waren die Bewohner? Hier lebten Singles und Single-Paare, Akademiker und arbeitslose Akademiker, Studenten, ewige Studenten und Künstler, Architekten und Anwälte, alte Westberliner Drogisten sowie Leute, die beim Fahrradfahren eine Hand in der Hosentasche vergraben haben. Sie machten Filme, Häuser, Wörter, Bilder, Töne, Druck, Licht, Schwärze. Sie nörgelten über die Zivilisation und den Verfall der Kultur. Filmer warnten am liebsten vor einer angeblichen Bilderflut. Talkmaster hielten Vorträge über die Schädlichkeit des Fernsehens. Alle zusammen warnten sie vor amerikanischen Imbißketten.

Ein Gang auf die Straße wurde zum Auftritt. Die Ladeninhaber saßen vor ihren Geschäften auf den Gehwegen, schoben Steine hin und her und nahmen die Parade des Straßendorfwegs ab. Ein jeder kontrollierte das Gewicht jedes anderen. Wer war die Schönste, die Klügste, Kälteste, Herzlichste auf der lokalen Rennbahn? Eine Bewegung übers Mittelmaß hinaus, und du wurdest zum *Der, welcher*. Sympathisch oder nicht, Ja oder Nein – sie taten, als lebten sie *davon*, und nicht von dem Brot, das sie aßen.

Ich sah mich in einem *township of distinction*, wo Menschen, die einander ähnelten, sich um so mehr gezwungen sahen, Unterschiede zu verkörpern. Die italienischen Feinkosthändler (»Heute: Mozzarella an Tomate« ... Bitte melden!!!) verwickelten ihre Kundschaft in verkaufsfördernde Gespräche, und die Bewohner radebrechten auf Teufelkommraus und aus Unterscheidungswahn italienisch. Waren die Selbstwertgefühle so schwach, daß derart laut und schönfärbend herumgetönt werden mußte? Dieselben Leute, die ihre Distinktionsbedürfnisse durch elaborierte Wortbeiträge wahrten, wenn ihrereins ihnen zuhörte, hängten bei den berlinernden Fleischverkäuferinnen (»Ja, einmal in der Woche esse ich auch Fleisch, ich bin da ganz undogmatisch, weißt du«) eine anverwandelte proletarische Ausdrucksweise aufs anbiederndste heraus. Kurz vor achtzehn Uhr hetzte ein Filmarbeiter an die Fleischtheke und meinte mich fragen zu müssen: »Wir *Kreativen*, warum kommen wir immer erst kurz vor achtzehn Uhr zum Einkaufen?«

Ich kehrte mich ab, ging nur noch zügig, mit Tunnelblick oder Sonnenbrille durchs Dorf und ließ mich dort kaum noch nieder. Allein mit unterscheidungsgeilen sogenannten *Kreativen* zusammenzuwohnen, ist mir zu wenig gewesen. Ich war mir keinesfalls so sicher wie sie, wer kreativer ist: die anbiedernd proletarisierenden Film- und Funkarbeiter oder die Fleischverkäuferinnen, die zu den Anmaßungen und Zumutungen eine gute

Miene machten und ihre gute Laune nicht verloren. Als ich in dieses Dorf zog, war ich aus einer Innenstadtstraße gekommen. Nun, festsitzend in dem Dorf, das noch nicht meines war, sehnte ich mich wieder nach der Anonymität einer Großstadtstraße.

Da fällt mir wieder die türkische Familie aus meinem Haus ein. Was heißt hier Familie? Nie einen Mann gesehen, wenn dort die Wohnungstür auf und zu ging. Was ich da sehe, sind eine Mutter und zwei Töchter in bald heiratsfähigem Alter sowie zwei dreikäsehohe Jungs, die sich als Machos aufführen und sich, Hände lässig in den Hosentaschen, von den Frauen, selbst von den Großmüttern die Türen aufhalten lassen. Ich gebe zu, daß ich das ungern ansehe.

Nachdem ich meine Erledigungen gemacht habe, setze ich mich auf dem Platz an einen der Cafétische. Obwohl nicht wenige Türken in dieser Gegend wohnen, suchen sie diese Lokale nicht auf. Die drei Lokale an der Ecke, wo die deutschen aufgeklärten und toleranten Kräfte sich treffen, sind nahezu »ausländerfrei« oder, wie man in Brandenburg sagt, »national befreit«. Hier sitzt unsereins; die deutsche Mutter, ihr Kind drüben auf dem Spielplatz beobachtend und mit einer Gleichgesinnten in ein Gespräch über das Ganzheitliche vertieft. Der deutsche männliche Alleinwohnende hockt stolz an seiner Zweitwohnung Theke wie auf einer Hühnerstange. Wo sind die Ausländer? Immer öfter setzen sich gut angezogene russische Männer in diesen Cafés zu ihren Handies an den Tisch. Türkische Frauen wandeln in der fortgeschrittenen Dämmerung verschleiert aus den Wohnungen und begeben sich zusammen mit einem Rudel Kinder zum Spielplatz, wo sie Wintersachen stricken und palavern. Zu dieser Abendstunde haben die deutschen Frauen den Spielplatz mit ihren Einzelkindern bereits verlassen. Auch wenn die Türkinnen, bei schwer einschätzbarer Wetterlage, einige Stunden früher zum Spielplatz gehen, verschwinden die deutschen jungen Mütter zügig. Auf den Spielplatzbänken sitzen entweder deutsche Mütter oder türkische Mütter. Nie beide zusammen. Wo sind die Ausländer? An heißen Tagen sitzen immer grau gekleidete Männer gegenüber den Cafés auf einem zum Spielplatz gehörenden Rasenstück, trinken Dosenbier, das ein Zehntel so teuer ist wie ein gezapftes von gegenüber, und spielen Karten. Sie wohnen in einem Asylbewerberheim und in einem Durchgangsheim für Ausländer, die sich dreißig und hundert Meter außerhalb der Dorfgrenzen befinden.

Während der achtziger Jahre wurden die maroden Altbauten im Dorf modernisiert, dem gewöhnlichen Standard und der entsprechenden Miethöhe angepaßt. Viele bis dahin ansässige Bewohner und Ladeninhaber konnten die neuen Mieten nicht bezahlen und zogen fort. An deren Stelle machten sich die bereits erwähnten Kreise hier breit. Für sie war es chic und angesagt, hier im so ruhigen wie zentralen *township of distinction* zu wohnen. Man war ja nun fast unter sich. Fort die Nachkriegsdrogerie, fort die beiden Schäferhundkneipen, fort der Tischler, es war einmal eine Vorverkaufskasse; dafür eine Boutique exclusive, eine Boutique first and second hand und eine Boutique second season fashion. So hätte es weitergehen können. Da sowieso jede Straße mit einem eigenen Ökoladen versorgt war, hätte man ein Dach über dieses Soziobiotop ziehen und unter rotgrüner Flagge die Unabhängigkeit ausrufen können. Bis 1990.

Seitdem lebt niemand mehr in seiner alten Stadt – und dies, ohne den Wohnort gewechselt zu haben. Seitdem geschieht der jüngste Bewohnerwechsel. Eine der drei neuen Boutiquen wich einem russischen Import-Export-Büro. Nun war es für die erwähnten Kreise chic und angesagt, in manchen Ostberliner Dörfern und nicht mehr in diesem zu wohnen. Doch die neuen Dörfler hier, die deren Stelle in diesem Berliner Zimmer nun einnehmen, sind keine sonstwie Freischaffenden, die den halben Tag in den Cafés vertrödeln. Es sind Angestellte, die abends regelmäßig an den Lokalen vorbeigehen, wenn sie von der Arbeit kommen. Westberlinisch traditionsgemäß ist dieser Ort einmal eine Hippie-Ecke gewesen, wo selbstverständlich öffentlich gekifft wurde. Die heutzutage Angetörnten, die hier sitzen und etwas anderes verbreiten als den langeingesessenen Mief des Viertels, tragen Hemd und maß- oder gutgeschneiderten Anzug. Sie kommen um zwanzig Uhr bestens gelaunt von der Arbeit, lassen sich nieder, trinken Bier und fallen sofort auf als solche, die sich nicht an die unausgesprochene Vereinbarung halten, auf alle Fälle unauffällig zu sein; die im Gegensatz dazu von den alternativen Rentnern, deren Selbstverständnis einmal Nonkonformismus gewesen ist oder sogar immer noch ist, inzwischen akzeptiert wird. Das Viertel wird endlich ein vermischtes werden. Das städtische Dorfleben ist wieder lebenswert.

Auch hier verwenden die Bewohner viel Zeit, um über die anderen Dörfler zu sprechen, über Bekannte, die vorübergehen; und zu Gesichtern, die ich lange schon sehe, höre ich Geschichten und biographische Ausschnitte, die diesen Gesichtern, die ich ja oft schon nicht mehr wahrnahm,

Tiefe geben. Aus Gesichtern sind Menschen geworden. Je öfter ich immer dieselben hier im Dorf sah, ohne mit ihnen zu sprechen oder etwas über sie zu wissen, desto eher übersah ich sie. Inzwischen lasse ich mich liebend gern auf den Sommerstühlen nah am Gehweg in angemessener Entfernung zum Straßenverkehr nieder und genieße es, sichtbar mein Dorf zu bewohnen. Nun, da ich näher bei den Menschen bin, fliegt die Bezeichnung *township of distinction*, die ich gern gebrauchte, auf als Beschreibung meines eigenen, nicht aber des Zustands des Dorfes. Ich selber war ein kleines wandelndes *township of distinction*, das sich widerwillig durchs Dorf bewegte, das ich *township of distinction* nannte, damals, als ich mich weigerte, Bewohner zu sein, als ich niemanden kennen wollte und doch immer dieselben wiedererkannte, so wie sie wieder und wieder mich sahen und mich wiedererkannten. Der Unwille meinerseits, Bewohner zu sein, gehört der Vergangenheit an. Nun bin ich der, den manche nicht wiedererkennen, weil er freundlich grüßt.

Von weitem sehe ich die türkische Familie aus meinem Haus auf dieses Dorfcafé zukommen. Vorneweg die Jungs, dahinter die Mutter, in der Mitte ihre beiden Töchter. Die Mädchen sind hergerichtet, ja aufgeputzt, hinreißend chic angezogen und etwas zu stark geschminkt. Sieht aus, als gingen sie tanzen, als flanierten sie zur Bräutigamschau. Erst jetzt geht mir ein tieferer Sinn ihres täglichen Krachs auf, wird mir ein kultureller Sprung bewußt, der Sprung, den auszuhalten manchmal Schwierigkeiten bereitet: Als sie die Musik so laut spielten und dazu klatschten und mitsangen, war ich Zeuge eines stammesartigen Rituals. Die Mädchen stachelten sich an für den vielleicht lebensentscheidenden Nachmittag. Die Mutter führt die Auf- und Angedrehten nun aus, damit sie heiß werden auf einen Jungen, der zum Mann werden soll, und auf daß dieser, der Richtige, heiß werde und den Töchtern Kinder beschere, auf daß für Jahre erst einmal Ruhe herrsche. Die aufgekratzten Türkinnen sind nun auf meiner Höhe angekommen und erkennen mich, wie ich hier sitze, und wie immer grüßen wir uns äußerst freundlich.

Wir

Wir leben hier in Charlottenburg (um das vom Berlinteil mittwochs in der Süddeutschen Zeitung bevorzugte, obwohl wahrscheinlich von Einzelnen hingeschriebene Wir zu benutzen. Was machen die eigentlich die ganze Woche lang?). Charlottenburg ist ein alter Westbezirk und einer der Stadtbezirke mit der durchschnittlich ältesten Bewohnerschaft. Die demographische Prognose lautet, daß es so bleiben wird. Eines Tages werden hier nur noch Greise hausen, und die Greise werden wir sein. Die jüngste Bewohnerschaft aller Berliner Bezirke haben die Ostberliner Plattenbaubezirke Marzahn und Hellersdorf, wo überwiegend junge Familien mit Kindern wohnen, die nicht müde werden, die Schönheit ihrer Umgebung zu preisen, obwohl sie in einem Betonhaufen wohnen und dort in, wie es früher hieß, Arbeiterschließfächern. Junge Familien fallen in Charlottenburg auf, so selten sind sie. Jung ist man hier ab dreißig und bis fünfzig. In Charlottenburg prägen Singles und Rentner und Frührentner das Straßenbild. Das sagt die Statistik, das sieht das Auge. Der Charlottenburger mag das jedoch gar nicht hören, er fühlt sich jung und widerspricht heftig. Der Charlottenburger kennt aber die anderen Bezirke gar nicht, von denen die Rede ist, weil der Charlottenburger Charlottenburg selten verläßt. Ist man Charlottenburger, ist man für immer jung. Es wird ja keiner mehr freiwillig alt, es müssen ununterbrochen alle, wenn nicht jung, so wenigstens jugendlich sein, besonders hier in Charlottenburg, und so ist Charlottenburg wahrscheinlich einer der komischsten Bezirke der Stadt, weil hier die älteren und ältesten Bewohner wohnen, die sich für äußerst und alleräußerst jugendlich halten und sich dementsprechend darzustellen versuchen mit jeder Geste. In vielen Charlottenburger Kiezen und besonders in diesem, in dem wir uns befinden, sitzen auf den Stühlen der Straßencafés die Grauhaarigen, von Jahr zu Jahr werden es mehr Grauhaarige, und wenn die Grauhaarigenquote hier am Platz einmal nicht stimmt, dann schauen sie sich irritiert um. Im Lentz sitzen sie in der Hoffnung, daß endlich eine Bombe einschlägt, im Görs sitzen sie mit der Hoffnung, daß die Bombe nicht bei ihnen, sondern nebenan einschlägt, und im Dollinger geben sie sich die Bombe flüssig in die Birne. Während die Marzahner und die Hellersdorfer sich in den neu aufgemachten Kneipen gerade mal hingesetzt haben, sitzen die Charlottenburger in ihren alten Spelunken schon ewig in der immerselben Haltung da und haben keinen Schimmer davon, wie die Zeit vergangen ist, obwohl sie selbstverständlich zustimmen, wenn jemand stöhnt, oje oje, wie die Zeit vergangen sei. Die Serviererinnen in den Charlottenburger Cafés und Kneipen sind immer gleich alt geblieben, im Gegensatz zu den Besuchern derselben Cafés und Kneipen, die ihr eigenes Altern auch deshalb nicht bemerken und folglich einfach nicht mitdenken, wenn sie ihr Nebenan vollallen, weil die Thekenkräfte, die ihnen in den siebziger und achtziger Jahren die Biere hingestellt haben, in den neunziger Jahren noch genauso alt sind wie immer schon und im nächsten Jahrtausend immer noch so alt sein werden wie seit jeher. Kein Wunder, daß die wenigsten hier wissen, wie alt sie sind, kein Wunder, daß ungebrochen die Jugendlichkeit in diesem Dorf herrscht, wenn hier seit zwanzig oder wieviel Jahren an einer Hauswand zu lesen ist ZUSAMMENLEGUNG JETZT. Wir erinnern uns an den Tatbestand. Die meisten sind wohl inzwischen entlassen aus den Gefängnissen, und seinen neuen Sinn entfaltet dieser alte Spruch, wenn man sich die Typen in den Kneipen ansieht. Sie haben ernst gemacht mit der ZUSAMMENLEGUNG, ich meine, sie haben es einfach getan! Isolation, immerhin das meinen sie zu wissen, ist Folter. Am Rande dieses Dorfs, fünf

Minuten entfernt, am Lietzensee, direkt unten am Wasser, gibt es ein Lokal, wo sich immerhin die wirklich uralten, gutsituierten Rentner, die in der Nähe in teuren Altersheimen wohnen, vermischen mit einem Publikum, das sich bis neulich noch an der Jugendlichkeitshysterie beteiligt hat, aber nun, und von Sommer zu Sommer werden es mehr, dazu nicht mehr bereit ist und sich zu dem weitaus eindrucksvolleren Ort direkt am Wasser begibt, allerdings nun nicht mehr in Gesellschaft von grauhaarigen Jugendlichkeitsfanatikern, sondern in Gesellschaft von uralten Menschen mit schlohweißem Restschopf. Schnell hat der Beobachter erkannt, daß die Menschen aus den Jugendlichkeitscafés eigentlich viel besser hierhin passen, ins Rentnerparadies, unten am See, in milder Luft, ohne diese Abgase. Hier kann man ein bisher jugendlichkeitsverzerrtes Gesicht in seinem einfachen Sosein zu mögen anfangen. Die Rentner sind ja auch nicht mehr das, was sie einmal waren, die Rentner sind ja heutzutage mindestens genauso mediendurchgebildet wie die Jüngeren, und sie geben sich nicht weniger tolerant, denn sie haben ein Gefühl für veränderte Zeiten und passen sich gern an. Was mancher Person, die sich gerade vom fünfzigjährigen Jugendwahnsinn trennt, nicht gelingt. Hier am Lietzensee fallen die Jüngeren durch Prinzipientreue oder zumindest durch Meinungsfestigkeit auf, während die uralten Menschen in den Gesprächen immer wieder glaubhaft für Toleranz plädieren. Und ich bekomme eine Ahnung davon, was für eine fürchterliche Rentnergeneration auf uns zukommt, wenn wir selber im Rentenalter und die Mehrheit in diesem Bezirk sein werden. Es werden die unnachgiebigsten, rechthaberischsten Rentner seit langem, seit Kriegsende wahrscheinlich werden, im Gegensatz zu den heutigen Rentnern, die vor neugieriger Unternehmenslust und Lernbereitschaft nur so strotzen. Wir werden noch gnadenlos jugendlichere Rentner sein, als die heutigen es schon sind. Die Stadt wird erneuert in Mitte, in Prenzlauer Berg, in Friedrichshain, aber kaum noch in Charlottenburg oder Wilmersdorf. Die meisten Ostbezirke sind umgekrempelt und modernisiert, einige Westbezirke sind bloß verschönert worden. Das Rentnerparadies Charlottenburg kann man als bewegungslos und verödet empfinden, man kann sich fragen, ob es nicht höchste Zeit ist, Charlottenburg zu verlassen, wenn man jemals im Leben noch etwas erleben will. Eine höchst lästige, zweifellos eine noch viel lästigere Vorstellung als die, allmählich in einem öffentlichen Altersheim zu leben, ist die Vorstellung, es könnte hier im stillen Westen zu diesem massenhaften Einfall der verschiedensten Szenen kommen mit ihren verschiedenen Szenekneipen und Szenefriseuren, die von Szeneevent zu Szeneevent reiten, so wie es in den Ost-Innenbezirken längst geschehen ist und von den dort immer schon Ortsansässigen, die kurz davor sind, eine Bombe zu werfen, in den gehässigsten Tönen beschrieben wird. So etwas wünschen wir uns hier in Charlottenburg auf keinen Fall. Da werden wir lieber einfach älter, bleiben hier sitzen, bis wir nach und nach von den Caféstühlen fallen und diskret weggetragen werden und nicht mehr wiederkommen, und sie werden gehen und gehen, und immer weniger werden kommen, wie wird das einmal still sein hier, still und gruselig.

Weg hier

I

Ich fahre nach Wien, und nicht aus Spaß. Zum Todestag einer Freundin, der Schriftstellerin Anita Pichler, wird in der Schmiede im ersten Bezirk eine Lesung veranstaltet. Sechzehn ehemalige Freunde oder Bekannte Anitas werden Texte vorlesen, die sie für einen Gedenkband geschrieben haben, der an diesem Tag veröffentlicht wird. Zuerst wollte ich nicht nach Wien reisen, sondern meinen Anita-Text schreiben, aber ihn nicht, warum auch, vorlesen. Warum für zehn Minuten Vorlesen nach Wien fahren, fragte ich mich, aber die Veranstalter hätten es sehr sehr gern gehabt, und ich antwortete mir, warum nicht für zehn Minuten Vorlesen sich einfach drei Tage in Wien aufhalten, was ja durchaus von Vorteil sein kann, um nach der Rückkehr unverstellt und mit dem vorteilhaft fremden Blick auf Berlin schauen zu können. Um mich und meine Stadt in einen guttuenden Abstand zu versetzen, sie von dort aus betrachten und empfinden, also insgesamt doch lieben zu können, muß ich stets Berlin verlassen und wiederkommen. Also fahre ich nach Wien, und zwar mit der Bahn, ein Flug nach Wien ist teurer als ein Flug nach New York, was ist denn hier los?

Im Zug denke ich, ich tue das für Anita, so entsteht und hält sich endlich Ruhe in meinem Entscheidungskasten. Warum fällt mir der gedankliche Abstand zu meiner Stadt leichter, sobald ich sie geographisch verlasse? In einer Berliner Tageszeitung, die ich dabeihabe, werden zu meiner Erbauung die Säuberungsphantasien und Ausscheidungswünsche eines Berliner sogenannten Senators zitiert, der im Auftrag seiner Wähler verbieten will, daß unter freiem Innenstadthimmel Alkohol getrunken wird. Diesen so schön schmierig grinsenden Senator stelle ich mir meistens als Kinderschänder vor, ich denke, so sehen Kinderschänder aus. Seit einem Jahr langweilt er uns nicht mehr mit seinen Phantasien von dem Schmutz, den Menschen machen und hinterlassen, sondern er steigert sich zur Verdammung des Schmutzes, der aus Menschen besteht. Dieser Schmutz, dieser Menschenschmutz müsse weg, soufflieren er und seine Kollegendarsteller den Bewohnerdarstellern. Jahr für Jahr wird dieselbe Aufforderung, die Bewohner umzuziehen oder auszutauschen, unter neuem Namen verkündet. Der Berliner Senat ist klasse. Keine langweiligen

Rechtschaffenheitshansel, keine laschen Demokraten oder Zigeunerbarone, sondern Frauen und Männer, die bereit sind durchzugreifen, die allerdings auch die Tradition zu wahren wissen. Kein Gesetz wird geändert werden, wir befinden uns in der Abteilung Psychologische Kriegsführung, totalmedialer Eingriff ins Bewußtsein. Ähnlich intelligent verhält er sich bei dem Thema der Schwarzfahrer in Berlin. In Wirklichkeit braucht man sie, man ist abhängig von ihnen, man wäre aufgeschmissen, gäbe es sie nicht mehr. Es ist lohnend, Schwarzfahrer zu haben, über je mehr Schwarzfahrer die Stadt verfügt, desto mehr Geld scheint in die Kassen zu kommen. Es werden Schwarzfahrer gepflegt in dieser Stadt, sie werden gehätschelt, und es werden ihnen alle Möglichkeiten offengelassen, weiterhin ohne Bezahlung öffentliche Verkehrsmittel zu benutzen. Die halbe Stadt wird erneuert, modernste Techniken werden zum ersten Mal eingesetzt, Teilsysteme werden komplett modernisiert oder ausgetauscht, an jeder Straßenecke ist das zu beobachten. Nur die Zu- und Abgänge zu den öffentlichen Verkehrsmitteln sind aus einsichtigen Gründen nicht modernisiert worden. Schlagartig gäbe es keine Schwarzfahrer und also auch keine öffentlichechten Phantasien mehr darüber, was man mit denen, so erwischt, anfangen solle; und schlagartig gäbe es allerdings auch nicht mehr die sechzig Mark erhöhtes Beförderungsentgelt von jedem, der ohne Fahrschein erwischt wird. In Paris gibt es Eingangsschranken zu den Bahnen, die nur mit Fahrschein zu durchqueren sind, in New York gibt es das. Ich schneide den Artikel aus, um ihn später einzurahmen. Bis Prag sind Deutsche im Zug, zwischen Prag und Wien bilden Amerikaner die Mehrheit. »Are you American?« »Yes.« – »Show me your luggage.« Eine Stichprobe ins Leere. Die Zöllner sind aufgekratzt. Sie wollen etwas finden. Sie sagen nicht, wonach sie suchen.

In Wien schlendere ich durch den ersten Bezirk und meine, in Berlin zu sein. Autofahrer hupen erst und schreien sich dann an, bevor sie quietschende Reifen sprechen lassen, auf den Gehwegen weicht man einander nur widerwillig aus. Dann, auf der Suche nach einem Restaurant, sehe ich Anita. Ich bleibe vor Schreck stehen. Ich gehe langsam auf sie zu. Vergesse, einem Auto auszuweichen. Es bremst für mich. Ich grüße dankend hinter die Windschutzscheibe. Ich stehe vor Anita. Ihr Kopf ist etwas größer als in echt, die Augen sind klar, der Mund zu einem Lächeln gespitzt. Ich geh ganz nah heran, so nah, daß ich die dort abgedruckten Namen derjenigen, die am Abend mit mir in der Schmiede vorlesen werden, nicht mehr erkennen kann, und ich verliere mich in Anitas Gesichtspartien, erkenne sie Quadratzentimeter für Quadratzentimeter wieder. Mehrere Minuten später setze ich meinen Weg fort, habe jedoch kein Auge mehr für ein Restaurant, das ich suche, wie ich mich erinnere, und drehe wieder um. Zu Mittag essen soll ich an diesem Tag im Café Engländer, an dessen Scheibe das Porträt von Anita hängt. Man sitzt dort eng beisammen und redet laut und ohne die Vorstellung, daß man in die Gedanken anderer, die wenige Tische entfernt sitzen, hineinquatschen könnte. Fünf schwarzgekleidete, druckreif sprechende Studentinnen verhandeln in aller Öffentlichkeit Nahtodeserfahrungen, als hätten sie wöchentlich eine. Das Gemecker und Gemurre und Geflüche draußen auf den Straßen erinnert mich an Berlin, die formale Höflichkeit des Kellners zum Beispiel oder von jemandem, der sich entschuldigt, wenn er auch nur vage vermutet, im Wege zu stehen, erinnert mich an verschiedene Orte, nur nicht an Berlin.

Einige Stunden später, kurz vor Beginn der Gedenkveranstaltung, sitze ich wieder im Café Engländer und kann nicht mehr übersehen, daß ich hier in einer sogenannten Künstlerkneipe gelandet bin. Zwei selbstverständlich schwarzgekleidete Autoren, die ebenfalls vorlesen werden, sind bereits da und sprechen so laut, daß alle mithören können, über nichts Besonderes. Sie wechseln andauernd die Tische, weil sie auch am anderen Tisch jemanden kennen, mit dem sich drei Minuten plaudern läßt. Sie sind alle so schön aufgeräumt, und ich merke, daß ich traurig bin, weil ich an Anita denken muß. Wenn ich an sie denke, freue ich mich entweder, oder ich bin traurig. Entweder sage ich ja zu unserer Zeit, oder ich bin traurig, daß diese Zeit vorüber ist. So geht mir das in Wien, immer und immer wieder, und so bleibt das auch am Abend, während der Veranstaltung in der völlig überfüllten Schmiede in der Schönlaterngasse.

Da geht alles wie geschmiert. Jeder hat fünf Minuten Zeit, seinen Text vorzutragen. Die wenigsten kommen auf fünf Minuten. Mal gibt es einen Text von Anita zu hören, mal einen Text, der mit ihr nichts zu tun zu haben scheint, und mal einen Text, der vielleicht zuviel mit ihr zu tun hat. Da nichts stört und irritiert, ist die Lesung früher beendet als erwartet, findet der obligatorische, geradezu zwanghafte gemeinsame Gang in die Kneipe, nein, ins Café, natürlich zum Engländer, früher statt als geplant. Es sind nicht alle dabei, es fehlt günstigerweise der, über den jetzt die meisten sprechen, es fehlt der Schriftsteller Z., der es zur allergrößten Anwesenheit bringt, indem er im Engländer abwesend ist. Auf ihn haben die meisten, die an den zwei langen Tafeln sitzen, einen Haß, einen tief auf der Oberfläche sitzenden Haß, wir sind hier in Wien. Eigentlich habe man seinen Text gar nicht haben wollen, beteuern die Herausgeberinnen, aber dann habe man ihn doch nehmen müssen, heißt es, warum nehmen müssen?, weil es der Text vom Z. sei. Aha. Kommt vor. Warum nicht. Nächstes Thema. Aber nächstes Thema gibt es nicht. Schließlich sitzen hier zwei Dutzend versammelte Geistesmenschen, und jeder hat etwas an Z. herumzumosern, so daß Z. aus dem Engländer an diesem Abend nicht mehr wegzudenken ist, obwohl er schlauerweise irgendwo ganz anders sitzt. Während der Veranstaltung habe ich mich zusammenreißen können, aber nun, bei dem Gegeifere über einen von ihnen werde ich wieder unendlich traurig, denn zwischendurch kommt Anita mir in den Sinn, und die meisten hier sagen zwar, so einen Text wie den von Z. hätte Anita selber niemals haben wollen, genauso klar ist aber auch, daß sie diese unendliche Distanzierung von Z. genauso wenig hätte leiden mögen, weil, je länger das Verdammen des Z. gedauert hätte, sie gespürt haben würde, daß das Z.-Verdammen nur dazu dient, von anderen Dingen zu schweigen, zum Beispiel davon, was einen zu diesem Ort zu dieser Veranstaltung verschlagen hat. Meine Traurigkeit läßt erst ein wenig nach, als jemand von Anita spricht und mich fragt, seit wann ich sie kannte. Da fällt mir wieder ein, wo ich bin und warum, und ich heitere ein wenig auf. Doch ist man zwei Minuten später wieder bei Z., und natürlich taucht jetzt derjenige auf, der Z. in Schutz zu nehmen versucht, was ihm nicht gelingt, so allein ist er, so recht hat er. Natürlich wußte der Z., was er tat, als er die letzten Telephonate mit der Freundin beschrieb, und es war ihm sicherlich ein Reiz, ein schräges Verlangen, was für die im Engländer Palavernden als der Skandal erscheint, daß er zu jedem der letzten Telephongespräche mit der nun Verstorbenen buchhalterisch säuberlich die Tageszeit angegeben hat. Bis zum letzten Glas Wein zerreißen sie sich die Mäuler über den Abwesenden mit allem, was sie sich selbst nie getrauen würden ihm zu sagen, und ich verspüre eine lange nicht mehr vernommene Ranzigkeit in meiner Umgebung, die ich geradezu auf der Zunge schmecken kann und die mir signalisiert, daß ich im finstersten Literaturbetriebsloch gelandet bin. Den Literaturbetrieb hatte ich mir so abgewöhnt, daß ich im Vorfeld der Reise gar nicht darauf gekommen bin, in so eine Situation zu geraten, der ich mich in Berlin niemals aussetzen würde. Also nichts wie raus aus dem Engländer, an die Wiener Luft, mit einem gesunden, geradezu heilenden Fluch auf all die

Dummheiten und Schlauheiten, die immer wieder lästig sind, wenn mehr als zwei drei Menschen meiner Branche zusammenkommen.

Wenn sie nicht auf den Z. losgegangen wären, wenn der Z. mit den anderen zum Engländer gegangen wäre, dafür aber ein anderer nicht mitgekommen wäre, dessen Text irgendeinen Zweifel erlaubte, dann hätten sie den anderen fertiggemacht, denke ich am Donaukanal, es ist klar, daß an diesem Abend einfach noch über irgend jemand hergezogen werden mußte, so gnadenlos, bis jemand den verteidigt hätte, so war es doch schon so oft in diesen Literaturbetriebsabsteigen, es ist völlig egal, um wen es geht, es ist völlig egal, um was es geht, klar ist aber, daß es die entlasten muß, die sich in ihren Phantasien mit dem Säubern und Ausschließen befassen, das ist bei diesen sogenannten Schriftstellern nicht viel anders als bei den sogenannten Berliner Senatoren, sage ich vor mich hin, am Donaukanal, das Wiener Treiben in gemessenem Abstand lediglich hörend, was mir völlig reicht. Ich fühle mich vollgequatscht. Man sollte sich über Politiker nicht und über Schriftsteller auch nicht aufregen. Genau dies kann jedoch der treffliche Grund sein, es trotzdem zu tun. Ich bin noch trauriger als zuvor. Ich ärgere mich, daß meine Liedtexte zu emotional vorgetragen waren, ich hatte ein Flimmern in der

Stimme, das ich gar nicht mehr kannte, das ich zwar in den Griff bekam, das ich aber nicht vor aller Augen und Ohren haben und in den Griff bekommen wollte. Die anderen, fällt mir ein, hatten schon die Beerdigung hinter sich, die anderen hatten schon den Leichenschmaus hinter sich, die anderen sind ein Jahr weiter als ich, die machen das mit links, wozu ich beide Hände benötige, die sprechen schnell was hin, wo ich noch Wörter abwäge, die anderen haben längst abgehakt, und ich mach einen Haken, über den Donaukanal rüber in den zweiten Bezirk.

Es ist weder der Z., noch eine Wut auf den Z., noch eine Wut auf die, die eine Wut auf den Z. haben, was mich in Wien traurig macht, und es hilft nicht im geringsten das Herumfluchen über andere und was sie in meinen Augen nicht richtig machen. Ich selbst bin es, der sich hier im Wege steht, am nächsten Tag merke ich das endlich. Ich bin vollbeschäftigt mit der Frage, warum der Kontakt zu Anita abgebrochen ist, damals, warum andere Kontakte abgerissen waren, vormals oder danach, es ist die Frage, wie man es zulassen konnte, daß der Kontakt mit Anita abreißt, es ist die Frage, ob ich, wenn ich mir solche Fragen stelle, nachträglich nicht andere Kriterien anwende, als ich es in der gewöhnlichen Chronologie des Lebens tue. Es ist eine Verwirrung, die nichts mit

Wien, die nichts mit Schriftstellern in Gruppen zu tun hat, sondern einzig und einzig mich betrifft. Es ist eine Frage an mich selbst, mit der ich verflucht allein in Wien herumhänge. Es ist eine Frage an meine Art zu leben, mit der ich andere normalerweise nicht belästige, mit der ich auch mich verschone, vielleicht zu sehr verschone, so daß in Wien nun alles herauskommt, ich trauriger und trauriger werde und einfach mich hinsetzen und sitzen bleiben könnte bis bald.

Dann bleibt die Zeit stehen. Und alle Uhren sich weiterdrehen. Zwischen Gegenwart und Abwesenheit tue ich, was von mir erwartet wird. Da ich nun schreibe, merke ich, daß ich nicht mehr pur spüre, sondern konstruiere, das Spüren zu komponieren beginne. Es reicht mir nicht, die Gefühle nur kommen und gehen zu lassen, ohne sie festzuhalten. Es ist mir aber auch zu wenig, akribisch zu notieren, was in mir vorgeht, und dabei das Fühlen zu verlieren. Zwischen den Zeiten ist mein Zuhause. Zu keinem Ort hin rufe ich dich aus. Als gäbe es ein organisierbares Trauern und ein nicht organisierbares. Ein spontanes und ein geordnetes. Man flieht von dem einen zu dem anderen, obwohl man das eine nicht gänzlich verlassen wollte. Schwer auszuhalten sind das eine und das andere zusammen. Da sitzt du, kleiner Mensch, der du dich lange nicht mehr so realistisch klein gefühlt hast. Eine Depression ist dagegen Angeberei. Vielmehr bleibt dir tagelang förmlich der Atem stehen, und überall ist es ein bißchen stiller als sonst. Vielleicht ist es nur stiller in dir. Es ist gut gewesen, daß am Tag der Nachricht jemand in meiner Nähe war, dem ich das erzählen, vor dessen Ohren ich mich noch einmal laut erinnern konnte. Doch dann dieses zerstillte gedankenleere Dasitzen und nur Bilder Sehen mit Anita, die den Mund spitzt, so daß der schöne Leberfleck über der Oberlippe verrutscht.

2

Der Meister hat dich heimgeholt
Steigst du im Brautkleid auf
Geh ich in die Knie auf den Boden kalt
Nur du siehst wie ich um mein Leben lauf

Der Meister mich ans Messer liefert
Vor ihm steh ich nackt
Sein Schweigen mich nur verzerrt erreicht
Das ist der Pakt er hat nichtmal abgesagt

Die Zeit bleibt stehen
Alle Uhren sich weiterdrehen

Sag mir wo die Toten sind
Begrüß ich sie am weißen Tisch
Versprechen sie um den Wind zu essen
Beten wir das Gleiche und schweigen laut
Weil wir vergessen weil wir vergessen

Die Zeit bleibt stehen
Alle Uhren sich weiterdrehen

Steig ich dann in den Keller ab
Schieb ich den Riegel vor
Und laß mich nicht mehr blicken
Gleich werde ich dich treffen weil
Ich nicht zur Ruhe kommen kann

Die Zeit bleibt stehen
Alle Uhren sich weiterdrehen

3

Am Abend bleibe ich in Wien irgendwo sitzen, erst am Donaukanal, dann auf einer Parkbank, glotze wahrscheinlich recht blöd vor mich hin und falle den Vorübergehenden auf; spät am Abend erwische ich mich in den Hotelzimmerscheiben vor dem Fernseher sitzend und ein Programm sehend, das ich nicht anschaue. Am nächsten Tag geht es so weiter. Ausgeklinkt. Zerstillt. Mitten auf dem Stephansplatz. Am besten komme ich mit dem unfreiwilligen Alleinsein klar, wenn Horden um mich herum sind, wie an diesem Samstagmittag, als die Wiener Innenstadt zur Amüsierzone erklärt ist, weil paar private Rundfunksender ihre Frequenzen bekanntmachen und den gesamten ersten Bezirk mit konsequent mittelmäßiger Popmusik beschallen. Normalerweise laufe ich vor solchen Zwangsvolksfesten weg. Aber hier, gleich neben dem Dom, geschützt im Auge des Schalltornados, bin ich bestens aufgehoben, vor einem frisch gepreßten Orangensaft, in einem Mantel, dessen Kragen bis über die Sonnenbrillenbügel reicht. Ich war mit Anita nie in Wien gewesen. Wir waren in Venedig gewesen, in Frankfurt, in Hamburg und in Berlin, auf den Autobahnen dazwischen, doch nie in Wien, wo sie eine Wohnung hatte. Einmal war ich nicht zu ihr gefahren, weil ich mich nicht in Wien aufhalten wollte. Jetzt bin ich mitten in Wien, und Anita ist nicht mehr, nirgends mehr da. Sie ist von uns gegangen, neulich, und ich habe sie gehen lassen, Jahre zuvor. Sie hat mich genauso gehen lassen, es ist gar nicht klar, wer gegangen ist, wer gehen gelassen hat, irgendwann haben wir beide etwas leiser gesprochen und sind jeweils einige Schritte vom anderen weggegangen und haben uns dabei freundlich angeschaut, sehr lieb gewunken, und gleichzeitig war jeder um seine Ecke herum und nicht mehr zu sehen gewesen, und das Leben ging weiter, und wie hart die Sonne schien. Das freundliche Auseinandergehen und Nichtmehrwiedersehen ist es, was mir an diesem Samstag auf dem kühlen Stephansplatz so schwer verständlich vorkommt, fast unbegreiflich ist, obwohl es doch gleichzeitig als das Normalste erscheint. Man geht eine Wegstrecke zusammen, dann geht man getrennte Wege. Daß sie ihren Weg nicht mehr weitergehen kann, bringt mich allerdings aus dem Gleichgewicht. Es erschwert mir meinen eigenen Gang, an den Füßen hängen Gewichte, gut, daß ich sitze. Ich trauere hier nicht um sie, ich trauere um mich, ich trauere auch um sie, aber am Ende eben nicht mehr nur um sie, das hatte ich doch schon vor Monaten tun müssen und getan. Was mich jetzt anrührt und umschwirrt, das sind nicht Fragen an den Meister und warum er Anita geholt hat, sondern das sind Fragen an mich, warum ich sie habe gehen lassen, warum ich Menschen gehen lasse. Sicher ist es völlig in Ordnung, Menschen gehen zu lassen, nicht an ihnen zu kleben und sie nicht an einem selbst klebend wissen zu wollen, jedoch ist damit nicht gesagt, daß somit alles in Ordnung ist. Ich spüre, daß es nicht in Ordnung ist. Dann hätte die liebe Frau mir ja gleichgültig sein können wie eine, die mir gleichgültig ist, wenn ich sie und mich auseinandergehen lasse, jedoch merke ich, daß mir das alles überhaupt nicht egal ist und daß ich folglich früher einen Fehler gemacht habe, als ich sie aus meinen Augen verschwinden ließ und sie mich aus ihren Augen weitergehen ließ. Ich habe etwas falsch gemacht, nichts anderes beschäftigt mich in Wien. Ich trauere hier nicht mehr allein um Anita, die verstorben ist, sondern auch um mich, bei lebendigem Leib und streng konditionierter Seele. Ich bin unzufrieden mit meinem System, aber ich kann es nicht verlassen, um irgendeine Reparatur anzubringen. Ich bin mein System. Mein System, das bin ich. In dieser so gottverlassenen wie gottvollen Ichverschlungenheit befinde ich mich in Wien, das ist mein Zustand, und kein anderer. Am Abend besuche ich die Grazer Autorenversammlung und schaffe es zum Glück, mit Jonke zu sprechen, den ich lange nicht gesehen hatte, aber nach einer halben Stunde, so kunstvoll der Beitrag von Wolfgang Bauer auch gewesen ist, übernehmen die Thekenlaberer die akustische Herrschaft, und ich finde mich auf den Wiener Straßen wieder, in der Zufriedenheit, am nächsten Tag abzureisen.

Im Zug ist Tag der Zöllner. Zwischen Wien und Breclav fahren österreichische und tschechische

Beamte mit und kontrollieren parallel. Bis Prag sind die Passagiere überwiegend Amerikaner. In Prag steigen deutsche Fahrgäste und deutscher Zoll zu. Jetzt wird wieder Deutsch gesprochen, am lautesten von einer Reisegruppe, deren Männer besoffen sind und einen Witz nach dem anderen reißen, über die sie selbst am lautesten lachen. Ein einzelner älterer deutscher Reisender weigert sich anfangs, den Zuschlag für den EC zu zahlen, »Immer das gleiche hier«, sagt er und protestiert, dann schwenkt er um und sagt, »Keine Diskussionen mehr, ich zahle, aber keine Diskussionen mehr.« Zwanzig Minuten später kommt ihm das wieder alles hoch, und er fährt zu fluchen fort. Die Zugführerinnen lachen über den haltlos zornigen Mann, sie lassen sich ihre Leichtigkeit nicht nehmen, fordern dafür die zwei bulligen tschechischen Polizisten an, die für alle Fälle in diesem Zug mitfahren, und nachdem der Mann die beiden Typen gesehen hat, versinkt er endlich still in seinem Sessel. Das Arbeitsgerät der deutschen Zöllner ist ein Schraubenzieher, mit dem alle möglichen Verstecke kontrolliert werden. An diesem Sonntag, den alle in Freizeitkleidung verbringen, sehe ich mit meinem weißen Hemd wohl äußerst fehl am Platze aus, zum ersten Mal werde ich in einem Zug aufgefordert, meine Reisetasche zu öffnen. Die CD-Raubdrucke, die der Zöllner sucht, habe ich nicht dabei. Dafür werden die Deutschen bei einer Dame einige Reihen hinter mir fündig. Zur Unterhaltung des gesamten Großraumwagens versucht die Frau in gebrochenem Deutsch den Männern etwas zu erklären, was ihren Paß betrifft. Sie zeigt den Beamten ein Schriftstück, doch können diese in der Kürze der Zeit nicht die Echtheit überprüfen. In dem Moment, wir verlassen gerade Tschechien, stöhnt der immer noch wütende alte Mann zwischen mir und der Frau, die überprüft wird, mehrmals, »Das ist Deutschland, ja, endlich sind wir wieder in Deutschland, endlich«. In Bad Schandau muß die Frau, die so nervös ist, daß sie alles umwirft oder nicht in den Griff bekommt, aussteigen, zwischen den Zöllnern gehend. Bei ihrem Abgang klatscht die Reisegruppe mit den besoffenen Männern ungeniert Beifall. Wieder Deutschland, ja. Ich gehe in den Speisewagen, um auf andere Gedanken zu kommen.

Nachdem ich diesen gehässigen und auch geschwätzigen Teil des Wiener Literaturbetriebs kennengelernt habe, lobe ich mir doch den Berliner Literaturbetrieb, der gewiß nicht weniger gehässig und geschwätzig ist, wo man aber so etwas wie das Herziehen über den abwesenden Autor nicht in der Art machen würde, derart auch nicht machen könnte, weil mehr als ein Einzelner aufspringen und das unterbinden, diese Unverfrorenheit nicht zulassen oder zumindest sich lustig machen würde über die Feigheit vor dem Feind, der nur so lange als Feind betrachtet wird, wie er sich nicht verteidigen kann. Auch in Berlin ist das möglich, aber nicht in dieser Weise, ich meine: nicht auf diesem privaten Niveau. Wenn schon unverschämt, so ist man in Berlin wenigstens in aller Öffentlichkeit unverschämt, soweit ich mich an meine letzten Ausflüge zu den Thekenhelden der Literatur erinnere. Meine letzte Begegnung mit dem sogenannten Literaturbetrieb geschah schriftlich, indirekt, über Zeitungen und Fernsehsendungen.

Ein mir keinesfalls unsympathischer Autor hat in einer Berliner Tageszeitung wirres, aus eigenen alten Artikeln abgeschriebenes Zeug verfaßt und seine Lieblingsthese recycelt, die Geschichte dieses Jahrhunderts lehre, daß man den Intellektuellen, wie er schreibt, nicht trauen könne. Recht hat er, aber er benutzt es als Argument gegen die Forderung des französischen Soziologen Pierre Bourdieu, die soziale Komponente der europäischen Vereinigung in den europäischen Verträgen festzuschreiben und eine europäische Bekämpfung der Arbeitslosigkeit zu organisieren. Dem mir keinesfalls unsympathischen Autor mußte ich in der gleichen Zeitung in einer Polemik vorhalten, seine

Intellektuellenschelte am falschen Platz anzubringen und somit gewollt oder ungewollt das Geschäft der Konservativen zu betreiben, die sich aus den landläufig bekannten konservativen Gründen weigern, einen europäischen Sozialpakt schriftlich zu fixieren. Wenn der von mir kritisierte Autor mir nicht sympathisch wäre, hätte ich diese Polemik nicht geschrieben, sondern nur Arschloch gedacht. Aber ich war enttäuscht von dem, was ich da lesen mußte. Niemals hätte mich ein Arschloch enttäuschen können. Aber dieser Autor, mit dem zusammen ich einige Zehntausend Kilometer zurückgelegt hatte, mußte mich eben deswegen enttäuschen. Nach der Veröffentlichung der Polemik liefen mir Bekannte aus der Generation des von mir kritisierten Autors über und in den Weg, die mich beglückwünschten und von denen ich zum ersten Mal und vehement hörte, daß sie den mir keinesfalls unsympathischen Autor schon lange nicht mehr ernst nehmen würden, wie mir zum Beispiel der Kleinverleger mehrmals sagte, ohne daß ich danach gefragt hätte. Ein landesweit bekannter Hansdampf in allen Resolutionsgassen schickte mir eine Karte, auf der er seine ausdrückliche Zustimmung und seinen Dank zu meiner Kritik hinschrieb und nebenbei noch eine Resolution gegen irgendeinen beseitigenswerten Mißstand beilegte, die ich unterschreiben sollte, was ich, logisch, nicht tat. Ich hatte nicht gedacht, daß der von mir kritisierte Autor so viele Feinde unter seinen Freunden hätte. Im Speisewagen beschäftigt ein Amerikaner die gesamte Crew und die meisten Gäste. Jetzt filmt er sein Essen und spricht einen Text zu dem gefilmten Essen aufs Band. In Holland geboren, Düsenjetpilot in Vietnam, dann Rente und zwei Miethäuser, jetzt Weltreise. Er filmt auch den Nachtisch. Es dauerte kein halbes Jahr, bis ich mich davon überzeugen konnte, daß der von mir kritisierte Autor gar nicht so viele Feinde unter seinen Freunden hatte. In dem frühsenilen ZDF-Nachtstudio, einer Sendung, der man pausenlos anmerkt, daß ihr Konzept darin besteht, die Diskutanten bis zum bitteren oder auch gar keinem Ende ausreden zu lassen, saßen der von mir kritisierte Autor und der Resolutionshansdampf auf zweien der fünf Stühle und stimmten sich ununterbrochen zu, bildeten sogar eine Fraktion im Gegensatz zu der anderen Fraktion im Studio, die aus dreien bestand. Der sich an mich heranschleimende Resolutionshansdampf schleimt sich da im Fernsehen genauso wieder zurück, an den von mir kritisierten Autor heran. Wahrscheinlich kann er nicht, nie, alleine sein, gewichtigere Gründe vermute ich nicht einmal. Und der Kleinverleger, der mich als erster zu meiner zugegeben etwas schroff ausgefallenen Kritik beglückwünschte und von sich gab, den von mir kritisierten Autor lange schon nicht mehr ernst zu nehmen, plaudert neulich in lässigster Gedankenlosigkeit von einer kleinen Dienstreise mit dem von mir kritisierten Autor und schwärmt davon, wie gut sie sich verstanden hätten und wie bewundernswert taktisch klug der von mir Kritisierte sich bei der Diskussion dort verhalten habe. Kann er sagen, nur soll er sich mal entscheiden, was er sagen will. Eigentlich fordert jede Nacherzählung aus dem Literaturbetrieb zu Abstand zu ihm auf. Nur weil ich in den Wiener Literaturbetrieb für kurze Zeit gefallen bin, denke ich an den Berliner Literaturbetrieb, wo die Hinterhältigkeit nicht so hinterhältig ausfällt wie in Wien, wo, im Gegensatz zu Wien, die Unmöglichkeiten in aller Öffentlichkeit geschehen, wo man sich gar nicht mehr die Mühe gibt, etwas zu verheimlichen oder hinter dem Rücken eines anderen geschehen zu lassen. Natürlich ist dieses Vorgehen noch viel brutaler als das der Wiener, die nur über den sprechen, der nicht anwesend ist, aber das brutale Vorgehen der Berliner ist mir angenehmer als das hinterhältige Vorgehen der Wiener. Also nichts gegen den brutalen Berliner Literaturbetrieb, denke ich im Speisewagen, wo der Amerikaner inzwischen mit allen, nur nicht mit mir spricht, der Berliner Literaturbetrieb besteht, wie immer schon, aus verschiedenen brutalen Betrieben, die Mitarbeiter treffen sich in verschiedenen brutalen Betriebskantinen, sie sind verschieden alt und zusammen in einen Raum nicht hineinzudenken. Der brutale Berliner Literaturbetrieb soll hier nicht schlecht wegkommen.

Dann höre ich zu denken auf, denke einfach diese Gedanken nicht mehr weiter, schalte um auf Nichtdenken, und der Amerikaner merkt das, obwohl er schräg hinter mir sitzt, und er fragt, ob ich mich mit ihm unterhalten wolle. Ich denke, ich will. Von jeher sitzen in den Speisewagen die Helden. Seine Geschichte ist großartig. Kein Wort glaube ich ihm. Wir trinken zwei Bier. Ich nehme nichts mehr ernst. Ich nehme auch die auffällig schlechtgelaunten Berliner Singles, so gut es geht, nicht wahr. Da es sich nicht vermeiden läßt, läßt sich auch nicht vermeiden zu bemerken, daß sie eine Kommunikationsbefriedigung darin finden, so gut es ihnen möglich ist, wegzuschauen, wenn ich hingucke. Ich weiß, daß sie erst herschauen werden, wenn sie besoffen sind. In Wien hatte ich alles so ernst genommen, war dann logischerweise wie besetzt gewesen von diesem Ernst, der mir mehrmals entschieden zu ernst wurde.

In Berlin Lichtenberg steige ich aus dem Zug und sehe auf den ersten Blick, wo ich bin. Angekommen. Viele sprechen mit sich selbst, sind spürbar ohne inneres Zentrum, haben seit Wochen weder die Hose gewechselt noch das Haar gewaschen, kämmen sich nicht mehr. Die Armen sind in den Straßen, die Verwirrten, die Stadtirren, die Einsamen und Verlorenen. Abhängigengesichter ohne Farbe. Jede optische Entgleisung ist willkommen. Die Leute scheinen nicht auf sich zu achten, pflegen sich nicht, äußerlich wie innerlich. Manche sind die Stadt selber, sind Steine der Stadt; und morgens um sechs, wenn die Schmuddelecken desinfiziert werden, werden sie genauso mitbesprüht. Saure Mienen, verbitterte Zubodenblicke, gehässige Anstierer. Über den Tisch gezogene. Distinktionsblicke. Dreckige Kleidung. Jeder sein Programm. Ich bin ich, so häßlich ich mich auch mache. Immerzu die Angst, einen Schritt zu spät zu kommen da, wo die Menschen sind. Immer dieser Kampf um die Plätze. »In Deutschland kann man wohl nicht mehr rechts gehen« (als ich links die Treppe hinuntergehe). »In Deutschland.« Drängelei in jeder denkbaren Form, in jeder Situation. »Du darfst nicht verlieren« scheint der Satz zu sein, an den alle sich halten. Um nicht das Gefühl zu haben, Allerletzter der Allerletzten zu sein. Man tut Dinge, für die man angeschaut wird, mit dem Habitus des Angeschauten. Eine Frau betritt die S-Bahn. Auf einem Sitz liegt eine Zeitung. Sie hebt sie auf und schaut mit hochgezogenen Augenbrauen hinein. Nachdem sie merkt, daß es eine ausländische Zeitung ist, schüttelt sie den Kopf und wirft die Zeitung wieder hin, von sich weg. Eine Minute später ruft ein Mann einer Frau auf der Rolltreppe zu: »Du ziehst dich zwar giftgrün an, aber was hilft das, wenn man trotzdem scheiße aussieht.« Die Stadt der Alleinlebenden. Alleinlebende gehören in die großen Städte, dort sieht man sie, dort sehen sie auch sich. In einer Kleinstadt sind Singles nur solche, die niemanden abbekommen haben.

Haus und Hof

In der Mitte des von vier Straßen umgebenen Häuserblocks ist Stille wie im Auge eines Tornados, an heißen Tagen herrscht sogar diese nie ganz stille Tropenstille. Charlottenburger Hinterhinterhof; der Hof hinter dem Hinterhof; hier einfach Hof genannt. Ich schaue aus dem vierten Stockwerk hinab. Niemand geht da unten durch. Gegenüber die Rückseite eines anderen Hinterhauses. Dazwischen ein prächtig ausladender Ahornbaum, der sich weit über die Häuserdächer stemmt und Jahr für Jahr unten einen morschen Ast abwirft. Zur Abendtoilette landen die Spatzen vom Lietzenseecafé in der Baumkrone, putzen sich, scheißen die tieferen Blattlagen voll und flattern in der Dämmerung auf ein unhörbares Signal hin in ein und demselben Moment los, irgendwohin.

Nebeneinander stehen Ahorn, Birke und Kastanie. In der Kastanie ein großes Krähennest. Die Krähen verteidigen sich ausgerechnet gegen eine Katze. Es geschieht fast jeden Tag an einer Kinderschaukel unterhalb der Birke. Eine Krähe setzt sich gern aufs Kinderschaukelgestell. Kommt unten eine Katze vorbei, versucht die Krähe, sie mit ihrem Gekrächze zu verscheuchen. Manche Katzen erschrecken und türmen. Eine kleine schwarze Katze mit rotem Halsband aber läßt sich nicht verjagen. Sie sitzt unter der Birke und ist neugierig auf diese Vögel. Die Krähe kräht dieses Krähenkrächzen in allerhöchster Tonlage. Dann fliegt sie von dem Kinderschaukelgestell auf einen Birkenast. Die Katze klettert nun auf das Kinderschaukelgestell, um zu zeigen, daß sie da auch rauf kann. Ununterbrochen kräht die Krähe von der Birke hinunter. Die Katze springt von dem Kinderschaukelgestell hinab, und die Krähe läßt sich vom Birkenast wieder auf das Kinderschaukelgestell schweben und kräht die Katze zu, die unten sitzt, hochschaut und nicht zu verstehen scheint. Sie treibt die Vögel bis zur Erschöpfung, weil sie nicht aufhören können zu krähen, zu krähen und zu krächzen, und die Katze scheint immer neugieriger zu werden, je länger es dauert, und die Krähen kriegen bald keinen Ton mehr raus, fliegen hoch in ihr Nest, lassen nach, geben auf. Reine Nervensache. Die Stadt ist die Härte. Der Hof ist die Milde. Pausenhof.

Im zweiten Stockwerk wohnt ein Mann, dessen Haare zu jeder Tageszeit frisch gefönt sind. Von mittags an klingeln Jungs und Schuljungs an seiner Tür. Jungs sind jene, die demonstrativ paffend mit glühender Zigarette ins Treppenhaus treten und dabei doch den scheuen Blick zeigen; Schuljungs sind jene, die mit ihren neongrellen Rückenkisten und bleischweren sogenannten Turnschuhen soeben aus der Schule gestapft kommen und einen streng und bereits gepolt unverbindlich angrinsen. Sie alle gehen da hin und bekommen etwas bei diesem Mann mit den geföhnten Haaren. Und was sie da kriegen, das interessiert in diesem Mietshaus keine Sau. Voll modern, klasse. Schließlich leben wir in einer Großstadt und nicht im Kaff. Ich würde es ja auch nicht wollen, daß jeder Arsch weiß, wann ich –, eben. Der geföhnte Mann trägt gewöhnlich Trainingsanzüge, manchmal Lederjacken zu Jeans. Ich denke, die Leute im Haus mögen ihn, weil er freundlich zu Kindern ist. Niemand hat ein Problem mit ihm. Er grüßt, wenn ich Hallo oder Guten Tag sage, mit einem Gttttn Tack, oberseriös und bemüht, jedweden Anklang an etwas zu vermeiden, aber eben auch gleichzeitig hochverdächtig, weil man sich fragt, wie lange einer sich hinter so einem Gttttn Tack verstecken mag oder kann oder auch nicht. Mir ist das scheißegal, soll jeder machen, was er will. Die Jungs haben von Woche zu Woche bessere Klamotten an und verseuchen manchmal sogar den Hausflur mit billigem Parfum. Fragt sich jemand groß, was mit den Familien los ist, zu denen die Jungs gehören? Ich habe keine Familie gesehen. Ich sehe nur jeden Tag um dreizehn Uhr den Mann mit den geföhnten Haaren Brötchen kaufen direkt neben mir in der Bäckerei. Er wohnt allein und bestellt zwanzig Schrippen. Danach treffe ich ihn im sogenannten Supermarkt, was ja im Grunde nur eine Warenrampe ist, in der der Kunde sich aufs umständlichste selbst bedienen und sogar komplette Warenpackungen stellvertretend für die nicht vorhandenen Mitarbeiter aufreißen muß. Der Mann mit den geföhnten Haaren kauft den zu den Brötchen nötigen Aufschnitt, das heißt, er läßt sich Wurst und Käse in kleine Portionen abpacken, um sie, wie ich vermute, später den Jungs auf Sandwiches anzubieten. Gegen diesen Mann liegt nichts vor.

In diesen heißen Tagen verschärfen sich die Kämpfe im Hof. Die Krähen stören sich nicht mehr nur daran, daß die junge schwarze Katze, die Serafina heißt, auf das Kinderschaukelgestell klettern und somit dicht an die unteren Zweige der Birke herankommen kann, die im Schatten der Kastanie steht, in der sie ihr Krähennest haben. An diesem schwülen Tag, der mit einem Gewitter begann und laut Wetterbericht mit einem Gewitter enden soll, ist es den Krähen schon zuviel, daß die Katze überhaupt unten im Hof herumstreunt. Sie fliegen im Tiefflug über Serafina hinweg, oder sie landen zehn Meter entfernt und staksen an das kleine Ding mit dem drohend schlingernden Schwanz heran. Dazu krähen sie ununterbrochen in bester Lautstärke, die im Hof einen hübschen Hall erhält, so daß es während dieser Krähzeiten sinnlos ist, Musik zu hören, außer Rammstein vielleicht, voll aufgedreht. Bei genauerem Hinsehen stellt sich heraus, daß die Katze mit den Krähen spielen will. Sie hat keine Angst vor ihnen, deswegen läuft sie nicht weg. Wenn eine Krähe im Tiefflug angesaust kommt, legt Serafina sich seitlich auf den Boden, als wollte sie die Krähe spielerisch berühren. Die Krähen bleiben so wild und lassen nicht nach, weil die Katze der Absicht ihres gefährlich klingenden Krähens nicht folgt und lediglich mit Neugier reagiert. Was ist mit diesen Stadtkrähen los? Hier in der Straße sieht man sie öfter über Autodächer laufen.

Neulich meldete eine aufgebrachte Studienrätin der lokalen Polizei, daß an ihrer Schule Jugendliche auffällig geworden seien, die unverhältnismäßig viel Geld bei sich gehabt und außergewöhnlich teure Klamotten getragen hätten. Der Verdacht begründe sich darin, daß von diesen – in der Schule übrigens schlechten – Schülern bekannt sei, daß sie bei dem Mann mit den gefönten Haaren ein und aus gingen und dort möglicherweise Dienstleistungen anböten, die entsprechend bezahlt würden, woraus sich deren Ausstattung mit teuren Markenklamotten erklären lasse.

Ein Stockwerk unter dem Mann mit den gefönten Haaren wohnt der Nachtmensch. Ähnlich wie der Mann mit den gefönten Haaren wohnt der Nachtmensch zwar allein, hat jedoch so häufig Besuch, daß er selten wirklich allein ist. Die Wohnung des Mannes mit den gefönten Haaren ist nicht nur aufgeräumt, sondern mit aller Liebe hergerichtet und instandgehalten zum Genuß der Besucher, während die Wohnung des Nachtmenschen eine völlig ungepflegte ist. Ist der eine fast täglich mit dem Staubsauger unterwegs, kehrt der andere höchstens einmal im Monat mit dem Besen die Flusen zusammen und lagert sie ein halbes Jahr in Plastiktüten, die er eines Tages, für alle sichtbar, aufwendig runterbringt. Danach erkennt man seine Wohnung meistens nicht wieder. Einmal bin ich in der schön aufgeräumten und duftenden Wohnung des Mannes mit den gefönten Haaren gewesen, oft habe ich mir dagegen beim Nachtmenschen durch Berge von Gerümpel einen Weg zu seinem versifften Sessel gebahnt, gegen dessen dünnen Stoff die Sprungfedern drückten. Der Mann mit den geföhnten Haaren und der Nachtmensch, beide bekommen häufig Besuch, der eine mittags, der andere abends. Die Besucher des Nachtmenschen sind älter als die des Geföhnten.

Zwanzig Jahre alt, war der Nachtmensch schon Nachtmensch, mit über vierzig treibt er sich nicht bei Gleichaltrigen in den Langweilercafés unten an der Ecke herum, nicht bei Älteren im idyllischen Lietzenseecafé, sondern bei den immer noch Zwanzigjährigen in den angesagten Clubs. Sein Auftritt hat die Mühsamkeit eines Schwergewichtlers, der hüpfen will wie ein Leichtgewicht. Diese patzige Verstellung gehört zu seinem Beruf. Seine Anpassung ans Outfit der Zwanzigjährigen ist eine Art von Kundenfreundlichkeit. Er ist der Mann mit dem Koks.

Ich kenne auch den Mann mit dem Haschisch, hier im Seitenflügel. Er bleibt auf andere Art für immer jung. Er trägt weiterhin Jeans, dazu schwarze Lederjacken. Auch wenn der Bierbauch über den enggeschnallten Gürtel schwappt, auch wenn die schwarze Jacke grau ist und die Haare dünner und doch nicht mehr ganz so lang wie früher sind.

Die Krähen rüsten auf. Sie machen den ganzen Tag nichts anderes als Jagd auf alles, was sich am Boden bewegt, Menschen ausgenommen. Sie patrouillieren zu viert oder zu fünft im Hof. Jede sitzt in einem Baum. Alle paar Minuten wechseln sie die Bäume, und eine von ihnen fliegt überhaupt nicht mehr, sondern grast den Boden nach so etwas wie Katzen ab. Sie sucht Serafina. Dann ein Riesengeschrei. Von vier Seiten stürzen die Krähen auf Serafina hinab, die es gewagt hat, sich zu zeigen. Ein wildes Gekreisch, doch erwischen sie die Katze nicht, denke ich. Aus Enttäuschung darüber krähen sie den ganzen Tag im Hof herum, denke ich. Tatsächlich ist Serafina von einer Krähe ein Büschel Fell herausgerissen worden. Einmal, als eine andere Katze sich am Fenster zeigt, versucht eine Krähe, sie im Vorbeiflug zu erwischen. Alles, was sie tun, geschieht mit einem ungeheuren Geschrei, der Feind ist gewarnt, sowieso ist alles nur ein Spiel. Die Krähen wollen am Boden patrouillieren, die Katze will fliegen.

Daß die Katze Serafina heißt, las ich auf einem Fahndungsplakat, mit dem die Besitzerin dieses und die angrenzenden Viertel plakatiert hatte. Serafina war weggelaufen. Sie läuft alle paar Wochen für einige Tage fort und kommt dann wieder, um mit den Kindern der Besitzerin zu spielen, denen sie immer hinterherläuft, wenn sie unten im Hof spielen. Während nach Serafina gesucht wurde, sah ich sie vom Spielplatz die Bahnböschung hinauf vor etwas abhauen. Hat sie die Kinder ihrer Besitzerin auf dem Spielplatz gesucht? Die Besitzerin erzählte mir, sie habe Dutzende Anrufe auf ihre Plakataktion hin bekommen. Alle wollen Serafina gesehen haben, selbst auf der anderen Seite der Stadtautobahn.

Ich kannte ihn seit Jahren vom Sehen, er wohnte im Seitenflügel, war verheiratet, hatte einen Sohn und arbeitete bei der Stadtreinigung. Vor zwanzig Jahren siedelte er aus dem damaligen Jugoslawien nach Berlin über, heiratete und blieb unauffällig. An den Wochenenden bekam er Besuch von Landsleuten. Wenn er seinen Jahresurlaub nahm, fuhr er regelmäßig in seine Heimat, in sein Dorf, in dem er geboren wurde. Einmal, im Urlaub 1992, flog er mit einer Linienmaschine in sein Land zurück, in dem Krieg war, und schloß sich seinen dortigen Freunden an. Sie hatten vor, ein bestimmtes kroatisches Dorf zu überfallen. Mein Mitbewohner aus dem Seitenflügel wußte schon länger davon. Es handelte sich um dasselbe Dorf, in dem einer seiner Feinde lebte, mit dem er noch eine Rechnung zu begleichen hatte. Welcher Art diese Rechnung war, hat er nie gesagt. Am Tag des Überfalls stürmte er mit seinen Kameraden das Dorf und das Haus des Erzfeindes. Wie verabredet überließen seine Kameraden es ihm, dessen Familie abzuschlachten, bevor sie das Haus plünderten, um es dann anzuzünden. Mit der Linienmaschine kam er zehn Tage später zurück nach Berlin, und niemand hier würde wissen, was er während seines Kroatienurlaubs tat, wenn er in seinem Stolz nicht darüber gesprochen hätte. Sein ganzer Stolz bestand darin, daß er die Aktion mit seinem damals fünfzehnjährigen Sohn zusammen unternommen und diesen dadurch ins Mannsein eingeweiht hatte, wie er gesagt haben soll. Sein Sohn ist inzwischen ausgezogen. Öfter sehe ich seine Frau. Vor einem halben Jahr ist er einmal von der Arbeit nicht wieder nach Hause gekommen. Seitdem gilt er als vermißt. Man sucht ihn nicht, aber man wird ihn bald finden.

Schöne Rede

I

Berlin wird schlechtgeredet. Das Muster des Schlechtredens wiederholt sich seit Jahren auf die immergleiche Weise: Ein Lokalpolitiker, der sich in der Presse zitiert sehen will, prangert Gewohnheiten oder Verhaltensweisen der Bewohner als Mißstände an und folgert aus seiner Mißstandsbeschreibung, daß die Verursacher nicht, wie man hier sagt, hauptstadttreif seien. Wenn die Grünen, die Taz und alle Welt auf diese These hereingefallen sind und meinungstechnisch dagegenhalten, wird derselbe Lokalpolitiker in der Lokalpresse mit der Aussage zitiert, der größte Imageschaden für die Stadt erwachse aus dieser masochistischen Selbstbeschäftigung mit der Frage, ob man hauptstadttreif sei oder nicht. Auf diese immergleiche Weise wird die Stadt schlechtgeredet. Dabei ist Berlin keineswegs häßlicher geworden, als es immer schon gewesen ist. Derart unansehnlich, wie das doppelte Nachkriegsberlin ausgesehen hat, kann das im Entstehen begriffene Einheitsberlin bei aller Mühe nicht mehr werden. Seit ich die

Stadt kenne, ist sie so düster und trostlos, so kaputt und leer, daß sie sich nur schwer unansehnlicher machen läßt. Für einen wie mich, der diese Stadt kennt, läßt sich seit mehreren Jahren schlechter meckern.

Das Allerhäßlichste am Nachkriegsberlin war zweifellos die primitive Mauer durch es durch und um Westberlin herum, obwohl sich daran kaum noch jemand erinnern lassen will. Brutal für Westberliner war die Folge des Verbots, die Wälder und Wasser und Moore und Hügel um die ausgehaltene Halbstadt herum beliebig aufzusuchen, um sich frei, ohne Aufsicht, zu bewegen, zu verausgaben oder nur Frische zu tanken für die kommende Arbeitswoche, auch wenn niemand mehr daran erinnert werden oder davon sprechen will: ein Koller, so leise und gewöhnlich, daß man ihn als Teil des Gefühlslebens akzeptierte.

Häßlich war der Zustand, verdonnert zu sein zum Vollzeitstädter, häßlich war die Nötigung, sich zum Reisenden aufzurüsten, wenn man nur eine Zwischenerholung suchte, doch dafür mindestens hundertsechzig Kilometer machen mußte. Häßlich war, daß wir Westberliner folglich wunschlose Grunewaldbevölkerer wurden, Stadtwäldler, Forstflüchtlinge, die bei jedem ernstgemeinten Ausflug innerhalb der Stadt an die Mauer stießen, die wir dann nicht mehr wahrnahmen, oder wir taten so oder redeten so und logen also zweifellos, wenn wir sagten, wir sähen die Mauer nicht mehr, wenn wir sie sahen. Wir meinten damit, daß wir die Mauer nicht mehr sehen wollten, wußten das aber nicht, wußten nur, daß wir nicht sagen wollten, daß die Mauer uns störte. Wir konnten aber auch nicht behaupten, daß wir die Mauer gern hatten. Also logen wir, wir würden die Mauer mit der Zeit gar nicht mehr sehen.

Die sogenannte Presselandschaft des geteilten Berlins ist in ihrer Eintönigkeit, Berechenbarkeit und Dummheit nicht zu überbieten gewesen, und nie wieder werden wir so eine häßliche sogenannte Presselandschaft in der ungeteilten Stadt haben, wie wir sie im Westen der geteilten Stadt hatten, als Tageszeitungen noch Nachtdepesche oder Der Abend hießen, als über drei Jahrzehnte lang die organisierte Langeweile herrschte. Rechts die Springerzeitungen, deren Auslieferungswagen einmal brannten, in der Mitte der Bildungslangweiler Tagesspiegel, der vor allem darum bemüht war, seine Leserschaft nicht aufzuwecken, und links, wie man dachte, die Einheitsphrasen- und Einheizzeitung der Genossen sowie ein Boulevardblatt ohne Boulevard, das es heute noch gibt. Häßlich war, daß in dieser Stadt bis auf eine Ausnahme sich nichts Neues etablieren konnte, daß die Verwalter der Stagnation zuallererst darum bemüht waren, den sogenannten Status quo zu erhalten, obgleich es einen Status quo, der sich nicht verändert, logischerweise nicht gibt. Heutzutage findet hier ein hübsch brutaler Kampf des Tagesspiegels, der Morgenpost und der Berliner Zeitung um die Presseführerschaft statt, und es zivilisiert diesen einst sterbenslangweiligen Ort, daß zum ersten Mal so etwas wie ein Wettbewerb zu verspüren ist. Derart häßlich, wie die sogenannte Presselandschaft einmal gewesen ist, kann sie vorerst nicht mehr werden.

Die sogenannte Radiolandschaft dagegen konnte man noch verhäßlichen, bis man sie schließlich verwüstet hatte, das ging flott in nur wenigen Jahren. Endlich ist Radio nicht mehr Radio, sondern komplettes Werberahmenprogramm, das ist geschafft. Mit Hilfe des Radios und seiner Funktion, Werbung zu machen, gelingt es nun, einander wildfremde Leute dazu zu bringen, sich wochenlang zusammen in neue Limousinen zu setzen mit dem Ziel, daß der, der es inmitten der Ausdünstungen und Fäkalien der anderen als letzter aushält, das Auto geschenkt bekommt. Familien werden angeworben, sich vor aller Augen wochenlang in Schaufensterschlafzimmern wie alltäglich zu bewegen und zu verhalten und dort so lange liegen zu bleiben, bis ihre nachbarschaftlich einliegenden Konkurrenten es vor Pein und Ekel, vielleicht auch nur vor Sehnsucht nach den eigenen vier Wänden nicht mehr schaffen, sich dort aufzuhalten, und die Schamlosesten, die Gestankresistentesten bekommen das Schlafzimmer geschenkt, und der Moderator jubelt wie ein Irrer, und morgen kaufen auch wir uns solch ein Schlafzimmer. So prima kann Radio sein, das hatten wir nicht gewußt, das wissen wir jetzt.

Häßlich war die lange Zeit ohne einen Wettbewerb, die Zeit der Subventionen, die eine verkappte Zeit des Kommunismus war, egal, was hier erwirtschaftet wurde, egal, was hier nicht erwirtschaftet wurde, die großen Onkel zahlten drauf, nur um das System am Leben zu halten, das System Halbstadt, das sie das System Freiheit nannten. Im Unterschied zu dem System um die Halbstadt herum konnten wir nie pleite gehen. Uns ist diese Zeit damals gar nicht schlecht vorgekommen. Jetzt, wo das Leben in die Stadt zurückkehrt, wird klar, daß es die schlimmste Zeit war, zwar lebenswert, aber doch unter der Würde des Menschen. Ein paar Paten hatten sich alles aufgeteilt und verdienten ihre Mark an der Lage, ohne sich anzustrengen, es gab ja keinen Wettbewerb, keine ernsthaften Konkurrenten, die um dieselbe Kundschaft warben. Erst seit dem plumpen Fall der Mauer ist klar, daß die Stadt häßlicher nicht mehr werden kann, daß es im Gegenteil nun aufwärts gehen muß mit der Beweglichkeit der Firmen und der Bürger, mit der Lebendigkeit, ja mit der Freiheit. Zum ersten Mal seit eines Menschen Gedenken über- und unterbieten sich Verlage im Kampf um Zeitungsleser, scheuchen Radiosender ihre Zuhörer hinter Geldscheinen her, die irgendwo in der Stadt versteckt sind, kämpfen Marktketten um Käufer, machen sich überhaupt erst all die Firmen, die um einen kämpfen könnten, breit in der Stadt. Erst seit der eine Staat zerbarst, ist hier nicht mehr nur eine symbolische erste Adresse.

Peinigend waren die Folgen der Einmauerung. Abstoßend war eine wie selbstverständlich entstandene und bald als völlig selbstverständlich verstandene Lebensenge, die den Bewohnern eingebrannt war als Erfahrungsenge, als Zufriedenheit im Gatter. Typisch für solche Tiere oder Bewohner ist das permanente Imkreisgehen mit allem Stolz, den nur aufbringen kann, wer sich nichts anderes mehr ausmalen kann, als im Kreis zu gehen, weil er seine Welt als Kreis sieht. Folglich geraten solche Eingesperrten, die sich wenig anderes vorstellen können, als eingesperrt zu sein, aus dem Häuschen und erleben eine Sensation, sobald sie den Kreis und die Stadt einmal verlassen können, was immer eine Reise ist, oder geraten aus dem Häuschen, weil die Ordnung zu Zeiten der Mauer nicht mehr gültig ist, was eine ganz besondere Reise ist, weil da der Ortswechsel nämlich zu einem kommt und man ihn nicht mehr selber machen muß. Häßlich, peinigend und abstoßend waren die Folgen des Unterentwickeltseins und Abgeschnittenseins von gewöhnlichen Entwicklungen an anderen gewöhnlichen Orten, häßlich war die nicht enden wollende Nichtnormalität. Häßlich war der Sonderstatus, obwohl, zugegeben, der Sonderstatus die Basis für das bißchen gewesen ist, was an Westberlin weniger häßlich, peinigend und abstoßend war.

Westberlin war ja nicht häßlich allein. Niemand und nichts ist nur häßlich, das gibt es nicht. Der Bau der Mauer wirkte als Magnet in beide Richtungen. Der Mauer haben wir einiges zu verdanken, obwohl wir die Mauer nie liebten. Die Mauer stieß den Mittelstand ab und zog Studenten, Künstler und andere Lebenskünstler an. Es gingen Leute, die keine Zeit zu verlieren hatten, und es kamen Leute, die alle Zeit der Welt hatten. Die anormale Stadt übte größten Reiz auf die Anormalen aus. Das weniger Häßliche an der Halbstadt war die sogenannte Scene, die man damals nur in der Einzahl kannte, das bunte Gemisch aus Gauloisesrauchern, Maobibellesern, Musikfreaks, Bundeswehrflüchtigen, Jungkünstlern, Kiffern und und und. Man erkannte sich sogleich, man wollte etwas anderes als das, was im Angebot war, doch blieb es immer gleich schwer zu sagen, was man konkret wollte, vielleicht erkannte man sich daran so traumsicher. Eher aus dieser Verzweiflung heraus wurde man dann und wann verbal zum Kommunisten, obwohl man mit dem Kommunismus nicht das geringste zu tun haben wollte, es schockte nur so schön. Die Leute, die dieses Westberliner Gemisch bildeten, hatten so viel Zeit, daß sie sich Musikstücke anhörten, die zwanzig bis dreißig Minuten lang waren, von Musikern, die ihrerseits so viel Zeit hatten, daß sie Stücke, die eine oder zwei oder drei oder vier Plattenseiten lang waren, spielten, wie Steve Hackett, Pink Floyd, Rare Earth, Iron Butterfly, Vanilla Fudge, Colosseum, Emerson Lake & Palmer und und und. Geld verdienen konnte jeder. In Westberlin bestand die Kunst, nein die Gewöhnlichkeit innerhalb der Scene darin, kein Geld zu verdienen. Vor nichts lief man so eilig davon wie vor dem Erfolg. Die Hippiebewohner spielten ihre Platinplattenlieder auf der Maulorgel in den Rieselfeldern, sie erzählten ihre Bestseller eine Nacht lang an der Theke und hatten damit beide Ziele erreicht, kreativ zu sein und keinen Erfolg zu haben. Das war das Sympathische an Westberlin, aber selbstverständlich war das auch das unglaublich Kauzige und Trostlose an diesem Stadtheim. Erst wirkte es sympathisch, paar Jahre später wirkte es hoffnungslos aus der Zeit gefallen. Vorher war es jedoch gnadenlos in der Zeit, sich zu verweigern, wo es nur ging, und es war herrlich, bevor es unerträglich wurde.

2

Westberlin war häßlich, aber Ostberlin war häßlich und unerträglich, Ostberlin war ein mörderischer Witz, eine Posse, Anmaßung und Zumutung, und dies alles unter Lebensgefahr. Hitlers Schatten bedeckte Ostberlin nicht weniger als Westberlin. Egal was man sagte, man log auf beiden Seiten zur eigenen Verteidigung. Wurde an einem anderen deutschen Ort jemals öffentlich mehr gelogen als in Berlin, Westberlin, Ostberlin und dann wieder Berlin? Die Reichs- und Bundeshauptstadt ist immer schon die Hauptstadt der Lüge gewesen und wird es bleiben. Eine Zeitlang wurde hier beidseitig gelogen, was das Zeug hielt, nur um im Recht zu bleiben, um in seinem komischen Recht einzusitzen wie ein Besetzter, wie ein besessener und darum geknebelter Rechthaber. Falls noch jemand daran erinnert werden will.

Ostberlin war grau. Was an Ostberlin so häßlich war: Ein Schweinesystem strahlt einfach schweinisch nach innen und aus den Einzelnen dann ebenso heraus. Das klingt ungerecht, ist aber noch nicht ungerecht genug ausgedrückt, um das ehemals existierende und jederzeit spürbare Unrecht zu beschreiben. In Ostberlin und dem Staat, der diesen Flecken widerrechtlich als seine Hauptstadt bezeichnete, war es den Behörden bis in die späten achtziger Jahre hinein gelungen, die lange schon praktizierte Willkür und Schikane durchzuhalten und dadurch die Unterwerfung der Ostberliner, aber auch der Westberliner, wenn sie einreisten, zu erreichen. Das macht einfach häßlich, da ist nichts Schönes dran, nichts, was einen erbauen könnte, es war Staatsterror. Was auf dem Staatsterrorboden gedieh, war aus dem Staatsterror hervorgegangen und führte zum glücklicherweise nicht endlosen, sondern endlichen Staatsterror zurück. Das Beste an diesem Staatsterror war, daß er jene Formel in sich barg, die zu seiner Zersetzung und letztlich zu seinem realen Verschwinden führte, wenn auch nicht sogleich zu seinem Verschwinden in den Köpfen vieler Diener des Terrors, wobei die niederträchtigsten zweifellos jene sind, die, obwohl überführt, meinen, Ministerpräsident oder Bundestagsabgeordneter bleiben zu müssen.

Wenn ich früher von Bad Westberlin rüberging in die angebliche Hauptstadt der DDR, wurde

mir körperlich übel angesichts des dortigen Farbenspektrums von Dunkelgrau bis Hellbraun. Allein Ostberlin zu riechen, also in Ostberlin Karbol und Zweitaktergemisch atmen zu müssen, das war eine an Körperverletzung grenzende Zumutung. Ostberlin wurde zum widerwärtigsten Fleck Dritte Welt, den ich kannte. Es wunderte mich dann gar nicht mehr, daß ich DDR-Produkte in der Dritten Welt wiederfand, im südöstlichen Afrika, wo ich die Bananenschalen in Mülleimern made in GDR versenkte und meine Briefe eintütete in diese hellbraunen Umschläge made in GDR.
In der Selbstbeschreibung der Ostberliner sind sie zu DDR-Zeiten ein frohes, so sinnliches wie genußfähiges, alle Nischen nutzendes Völkchen gewesen, welches sich in seiner Wirklichkeit in einer Weise eingerichtet hatte, daß es die Diktatur, unter der zu leben es gezwungen war, kaum noch zu bemerken gezwungen war, wie heute oft und gern gesagt wird. (Ähnlich wie die Westberliner sich gern vormachen, sie hätten nie das Gefühl gehabt, in einer eingemauerten Stadt zu wohnen.) Man sei in Ostberlin in aller Ruhe unbeirrt seiner Arbeit nachgegangen, habe ein unbeschwertes Privatleben geführt, habe viele Kontakte gehabt und pflegen können, und nie habe es eine soziale Not gegeben, so hätte es weitergehen können, wird heute noch gesagt. Leider oder zum Glück

haben die, die sich mit diesen Worten selbst beschreiben, nicht gesehen, wie sie in den Augen anderer erschienen, Fremder, die nicht das Glück hatten, die Nische zu leben. Die Körperhaltung dieser Stadtbewohner war einheitlich leicht nach vorn gebeugt, oft gebückt, der Kopf wurde hängen gelassen, als sei er längst abgegeben worden. Zu lachen war dekadent. Leere Straßen. Polizisten. Prunkvolle leere Alleen. Schlangestehen. Polizisten. Der Volkssport: Einem endlich einmal in den engen Ubahngängen Entgegenkommende anrempeln. Beim Schlangestehen strenger Körperkontakt zum Vordermann. Es war wunderbar.

Es ist die häßliche deutsche Geschichte, die diese Stadt so häßlich macht. Es ist nun wieder diese Häßlichkeit, die Anziehungskraft ausübt. Hier wird es nie wie in anderen europäischen Puppenstuben aussehen.

Der Krieg hat die Stadt schon ruiniert, aber der Nachkrieg hat die Stadt, also beide Hälften, noch viel mehr ruiniert. Jeder Aufbau ein Ruin. Die Teilung hat die Stadt ruiniert, und der jetzige Aufbau ruiniert die Stadt.

Schöne Sommer

Jedes Jahr im Sommer seufzen Berliner Politiker über das angeblich augenscheinlich negative Erscheinungsbild der Stadt. Mit freundlicher Unterstützung einiger Zeitungen werden aus den Seufzern im Frühjahr darauf Senatsbeschlüsse. Nach einem monatelangen Dauergeräusch in den lokalen Medien, das aus dem Rauf und runter Skandalieren des schier unerschöpflichen Themas Schmutz bestand, hat der Senat in tatendurstigem Vokabular einen »Aktionsplan Sauberes Berlin« vorgelegt. Er richtet einen »dringenden Appell« an alle, »in einer großen Gemeinschaftsaktion« einen »Frühjahrsputz« zu machen und »Schmutz und Verschandelung der Stadt den Kampf anzusagen«. Populistisch korrekt sieht das »Maßnahmenbündel« vor, Sozialhilfeempfänger und Langzeitarbeitslose für Reinigungsarbeiten einzusetzen, Schüler durch Stadtwälder zu scheuchen und acht Millionen zur »Beseitigung und Verhinderung« von »Schmierereien« auszugeben. Politiker eilen von Phototermin zu Phototermin, um die xte Schaufel am Tag in die Hand zu nehmen.

»Berlin – putz dich!« freute sich die BZ am

Tag danach. Über ein halbes Jahr hatten die Reinigungskräfte in Lokalpresse und -politik gebraucht, um Handlungsbedarf zu erzeugen. Die Rede war von »Schmutz- und Schmierfinken«, die die Stadt »verschandeln«, von »optischen Terroristen«, deren »Vandalismus« »gesellschaftsschädliches Verhalten« sei. Dagegen werde »Tag und Nacht« von der »Einsatztruppe« der »Graffiti-Feuerwehr« mit einer »Wunderwaffe« an der »Schmierfront« »der Kampf« geführt. Es begann ziemlich harmlos.

Gleich nach den Ferien werden drei Berliner Senatoren mit diesen Sätzen zitiert: »Berlin ist zu dreckig, vor allem die BVG«, »Das Erscheinungsbild muß sich ändern« und »Berlin muß endlich hauptstadtreif werden«. Es wäre zuviel behauptet, das Trio habe eine Kampagne inszeniert. Sie wissen, daß man dazu die Presse benötigt; daß man über Bande spielen muß: Thema anschubsen und abwarten, wer es ins Rollen bringt.

Gewehr bei Fuß steht sofort die BZ mit ihrem fulminanten Samstagskommentator Wolf Jobst Siedler. Er konstatiert »Berlins völlige Verwahrlosung« durch »Graffiti und Verunreinigung«, die zur »Verlotterung der Stadt« führten. »95 Prozent aller Berliner« litten »seit Jahren« darunter. Die anderen fünf Prozent sind die Graffitisprayer. Siedler stellt fest, daß Berlin erst dann wieder von allen geliebt werde, wenn es diese Graffiti an Häuserwänden nicht mehr gebe, wenn diese fünf Prozent der Bevölkerung endlich aufhören würden, die anderen 95 Prozent zu tyrannisieren.

In den folgenden Tagen weigert sich die CDU Zehlendorf folgerichtig, Graffitisprayern Freiflächen zur Verfügung zu stellen, da kontrolliertes Sprayen von »höchst zweifelhaftem pädagogischem Wert« sei, und schickt auch die gutwilligen Kids zurück in die Nacht, an die Hauswand. Nur die Harten kommen durch.

Berlin sei »zu dreckig, zu unreif, zu provinziell«, legt die Partnervermittlung Hassemer nach, deren Aufgabe es ist, Werbepartner für Berlin zu finden und die Stadt zu vermarkten. Das Spiel über Bande funktioniert. Die Saubermannshow des SFB, Berliner Platz, macht eine Livediskussion zum Thema Stadt und Schmutz. Dort sagt jemand: »Leute, die keine Arbeit haben, verbreiten Schmutz.« Ein führender CDU-Politiker nennt Graffiti »optischen Terrorismus«. Erwachsene Menschen sprechen über Schmutz und denken nicht an Nebensächliches wie Schrotthalden an Bahnböschungen oder Hundekot auf Schritt und Tritt, auch so etwas Banales wie die Reinigung von Schulhäusern kommt ihnen nicht in den Sinn, sondern sie zeigen mit den Fingern auf ihre Jugendlichen. Konsequent haben sie sich auf Graffiti eingeschossen, wenn sie von

» Verwahrlosung «, » Verschandelung « oder » Vandalismus « sprechen.

Nach kurzer Zeit ist das Thema zu den Politikern zurückgeschwappt. Eine Debatte im Abgeordnetenhaus läuft als ordentliches Wettpinkeln nach dem Muster ab: Ich nehme extreme Positionen ein, so daß der politische Gegner auch extreme Positionen einnehmen muß, so daß ich dann noch besser und begründeter auf ihn draufhauen kann.

Das war eine hübsche Erinnerung an die Asyldebatte, die sich die politische Klasse so lange leistete, bis Radikale oder auch nur gelangweilte Jungmänner Häuser anzündeten, nachdem sie sich jahrelang anhören durften, was die Mitte der Gesellschaft über diese Häuser und seine Bewohner dachte. Als die Häuser dann brannten, begann das große öffentliche Augenreiben.

Im Spätsommer fallen in Hellersdorf zwei Schüsse. Fünf deutsche Jugendliche verteidigen dort schon länger den Inhalt » ihrer « Mülltonnen im eingezäunten Karree vor Ausländern, die manchmal darin wühlen. Deutsche Berber dürfen das, denn » Penner sind doch was anderes als Ausländer «. Erwischen die fünf selbsternannten Wächter Ausländer an » ihrem « Müll, dann vertreiben sie sie oder zwingen sie, den gesamten Müllplatz aufzuräumen. Die beiden bosnischen

Jungs sollten nur vertrieben werden. Aber ein Bosnier zieht seine Pistole und schießt zweimal und trifft. »Er sah nicht weg und mußte dafür mit dem teilweisen Verlust seines Augenlichts bezahlen«, schreibt die Morgenpost. Und Bild: »Sie wollten für ein bißchen Sauberkeit im Kiez sorgen, jetzt liegen sie im Krankenhaus.« Das sind unsere jungen Helden, im Gegensatz zu den miesen Sprayern: Sie sehen nicht weg und wollen nur ein bißchen Sauberkeit. Bemerkenswert bravourös die Sprachverdrehung: »Nicht wegsehen« in bezug auf Ausländer hieß eigentlich, sie vor Übergriffen zu schützen. Und »Sauberkeit« meint inzwischen, Ausländer dürfen nicht in deutschem Müll wühlen und können mit Gewalt gezwungen werden, öffentliche Plätze aufzuräumen.

Das Spiel über Bande stiftet Harmonie. Jeder weiß, was er zu tun hat. Nur sechs Wochen sind vergangen, als der Berliner Platz wieder eine saubere Sendung macht: »Junkies raus aus der City – Berlin räumt auf.« Selbst Erich Böhme auf Sat 1 zieht mit: »Aktion Saubere Innenstadt – müssen Bettler und Penner raus?« Unmerklich hat sich die sogenannte Debatte verschoben. War anfangs nur von Schmutz die Rede, dann im selben Atemzug vom »Schmutz« der Graffitisprayer, so wird nun überlegt, Leute auszusperren, die Schmutz »sind«.

Inzwischen jagt die Presse mit diesem Thema

genau jene Politiker, die das Thema angeschubst haben. Im Herbst hält die Morgenpost jenen Senatoren vor, »Glaubwürdigkeit zu verspielen«. Das politische Topthema des Sommers sei »still im Straßendreck versunken«. Die Urheber der Debatte seien »auf Tauchstation gegangen«. Der Vorteil dieses Aufenthaltsortes liegt für die Senatoren darin, daß sie andere die Drecksarbeit haben machen lassen und nun auf einen Handlungsbedarf verweisen können. So entsteht der »Aktionsplan Sauberes Berlin«.

Eine Neuköllner Grundschule. In weiser Voraussicht hat man sich hier schon länger um private Unterstützung bemüht und sie gefunden. Die Schulleiterin führt eine Sponsorin durch das Schulgebäude. Das Treppenhaus sieht wüst aus. Unter dem Sand verschwinden die Noppen des Bodenbelags. Die Sponsorin will nicht unhöflich sein und sagt: »Kann es sein, daß es hier schmutzig ist?« Die Schulleiterin erklärt, wie es dazu gekommen ist. Ein halbes Jahr zuvor habe das Bezirksamt die Mittel für die Schulreinigung halbiert. Die beauftragte Firma säubere die Schule seitdem nur noch alle zwei Tage.

»Aktionsplan Sauberes Berlin«, das heißt nicht, daß Berlin – oder gar seine öffentlichen Innenräume – sauber sein, sondern daß es sauber erscheinen soll. Deshalb hört man hier so oft, Berlins »Erscheinungsbild« müsse sich ändern. Auch das erinnert an die glorreiche Asyldebatte. Damals stellten Politiker sich gern vor ein noch qualmendes Haus und beklagten, daß Deutschlands Ruf im Ausland Schaden nehme. »Erscheinungsbild« heißt: Wo Touristen hinkommen, soll die Stadt sauber sein. Die Schulhäuser gehören dazu nicht. In dem Aktionsprogramm des Senats steht, daß das »negative Erscheinungsbild« der Stadt »von dem undisziplinierten gesellschaftsschädlichen Verhalten von Mitbürgern geprägt« werde. Wie bitte? Gesellschaftsschädliches Verhalten? Wie nennen wir das Subjekt, das gemeint ist? Gesellschaftsschädling?

Über die Schmutzdebatte ist eine Jugenddebatte entstanden. Das haben noch nicht alle gemerkt. Genausogut hätte die Schmutzdebatte eine Hundehalter- oder eine Verpackungsdebatte oder eine Schulreinigungsdebatte werden können. Aber die Schmutzdebatte ist eine Jugenddebatte geworden. Das haben deswegen noch nicht alle gemerkt, weil das Wort Jugend dabei geschickterweise gar nicht benutzt wird. Man sagt Graffitisprayer; senatsamtlich: »Schmutz- und Schmierfinken, Vandalismus«. Abgesehen von dem appetitlichen Beigeschmack, den ich habe, weil ein Gespräch über Jugendliche und das, was sie gern tun, erst entsteht, wenn über Schmutz geredet wird, ist in Berlin das Großartige, daß ein Gespräch erst gar nicht entstanden ist.

Auf Graffiti kann man so oder so reagieren. Entweder man betrachtet sie als Sachbeschädigung, oder man versucht die Integration. Man greift hart durch, oder man sucht ein Arrangement. Man will eine andere Jugend, will wegsperren und einschüchtern, oder man sucht eine Lösung für beide Seiten. Die Lautsprecher in Berlin gehören nur der ersten Fraktion an. Die CDU mit ihrer gradlinigen Kriminalisierungsstrategie weigert sich standhaft auf jeder Ebene, Sprayern Angebote zu machen, und bezeichnet deren Handwerk als »Terrorismus« – als wollten sie einen Teil der Jugend in Stammheim einbuchten. Man will hier nicht mit den Jugendlichen, wie sie sind, kooperieren, sondern man will andere Jugendliche.

Wenige Tage nach Verabschiedung des »Aktionsplans« macht die BZ groß damit auf, daß allein das Auswechseln gescratchter S-Bahnscheiben drei Millionen Mark koste. Aber niemand spielt mit, nichtmal über Bande. Warum auch? Mit acht Millionen gegen Graffiti sind die Behörden, die seit Jahren an der Jugendarbeit sparen, gut bedient. Es käme teurer, Jugendlichen Freizeitangebote zu machen.

In der Neuköllner Grundschule sind Graffiti

oder Sprayer kein Thema. Es gibt Freiflächen, auf denen die Kids sprühen oder malen. Das Problem mit dem Schmutz, es liegt zentimeterhoch im Treppenhaus. Aber nein. Beschlußlage ist: Wenn Kinder morgens in die Schule kommen und die kompletten Abfälle vom Vortag wiederfinden, dann ist das kein Dreck. Wenn aber auf dem Müllkorb an der Straßenecke irgendwas draufgesprüht ist, dann ist das Dreck.

Die Kinder rennen aus der Neuköllner Grundschule heraus auf die Straßen, zu den Bushaltestellen. Warum sollen die Straßen und die Busse sauberer sein als die Schulen? Das wird ihnen gleich jemand erklären.

Das den Senatsmannequins genehme Erscheinungsbild Berlins sieht dann so aus: Man stellt sich in einem eigens gecharterten Zug von Bonn nach Berlin dar, voll besetzt mit Bonner Politikern und Berliner Animateuren, darunter die unvermeidliche Knallcharge Wolfgang Gruner, der kalkweiß supergelaunt den Westberliner Frontstadthumor wiederaufbereitet. Kein Bild im Fernsehen darüber, bei dem die Kameraleute nicht genötigt sind, den Kamera- oder Angelhalter einer anderen TV-Crew mit aufs Bild zu nehmen.

Nur so
Gelingt das Weltniveau

Bratton war hier

In amerikanischen Großstädten ist die Anzahl der polizeilich bekanntgewordenen Verbrechen seit Beginn der neunziger Jahre rückläufig. Die Polizei verweist schlicht und einfach auf diesen zählbaren Erfolg, der ihre Tüchtigkeit belegen soll. Polizeiunabhängige Beobachter sehen die Entwicklung der amerikanischen Statistik dagegen in einer demographischen Veränderung begründet. Junge Männer zwischen 14 und 21 Jahren verüben gewöhnlich die meisten Gewalttaten. Diese Altersgruppe ist in der US-Bevölkerung seit Beginn der neunziger Jahre nicht mehr so stark vertreten wie vorher. Zudem zeigt ein landesweites Gesetz der Clinton-Regierung Wirkung, wonach kleinere Vergehen, die hierzulande als Ordnungswidrigkeiten bezeichnet und nicht sonderlich ernst genommen werden, in einem Zentralcomputer registriert werden. Sobald ein Bürger der USA die dritte gespeicherte Ordnungswidrigkeit begeht, muß er damit rechnen, eine Ladung vom Gericht zu erhalten.

Es ist fraglich, ob dieses Gesetz wirklich überall angewendet wird. Dem ehemaligen New Yorker

Polizeipräsidenten William Bratton hat es ermöglicht, die sogenannte Zero-Tolerance-Strategie einzuführen. Den Bewohnern New Yorks wurde zu deren eigener Sicherheit, wie es hieß, klargemacht, daß das Gesetz in der Stadt angewendet werden würde, und so kam es. Inzwischen schwärmt alle Welt davon, wie sicher das Ubahnfahren in New York wieder ist, wenn auch nicht jeder damit einverstanden sein kann, daß das alltägliche Verhalten der Bewohner auf Schritt und Tritt kontrolliert, reguliert und bestraft wird, daß Obdachlose und Bettler aus der Stadt vertrieben werden. Kein Mörder läßt sich von der Zero-Tolerance-Strategie abschrecken; ein Bettler, ein Falschparker oder jemand, der bei Rot über die Straße gehen will, dagegen schon. Mit der Zero-Tolerance-Strategie wird – unabhängig davon, ob sich an der objektiven Sicherheit etwas ändert – vor allem das Sicherheitsempfinden der Bewohner verstärkt. Dieses wiederum strahlt auf den Bürgermeister und die höheren Angestellten der Stadt zurück, wenn Wahlen anstehen. Der New Yorker Bürgermeister Rudolph W. Giuliani, während dessen Amtszeit William Bratton die Zero-Tolerance-Strategie aufbauen konnte, ist bereits einmal wiedergewählt worden. Eine zweite Wiederwahl sieht das Gesetz nicht vor. William Bratton ist nicht mehr im Amt, seit Jahren vielmehr auf einer

Art Welttournee, auf der er verschiedensten Metropolenpolitikern Zero Tolerance zu erklären versucht. Gerade als diese Strategie in New York in die Kritik gerät, wird sie von Mitgliedern des Berliner Senats als tauglich für die Hauptstadt entdeckt. Bratton war hier.

Der Begriff Zero Tolerance kam im Jahr 1982 auf. Damals hatte in den USA noch das reaktive, nach der Notrufnummer »911-Modell« genannte Konzept Gültigkeit, das Polizisten aus dem Straßenbild nahm – auch, um keine Anlässe für immer wieder aufflackernde Rassenkonflikte zu liefern. In ihrem Artikel »Broken Windows« von 1982 behaupten die Autoren James Q. Wilson und George L. Kelling, daß es nur ein kleiner Schritt sei von der Beeinträchtigung des Sicherheitsempfindens durch Ordungswidrigkeiten, Betteln, Vandalismus und Verschmutzung zur Gefährdung durch echte Kriminalität wie Mord, Raub und Vergewaltigung. Die kleinen Vergehen seien der Nährboden für die großen Vergehen. Die Bewohner würden eingeschüchtert und verlören das Gefühl, daß die Straße, in der sie leben, ihnen gehört. Wenn kleine Verstöße nicht geahndet würden, lade das dazu ein, die Schmerzgrenze durch immer weitergehende Normverletzungen hinauszuschieben; potentielle Kriminelle würden durch das Nichteinschreiten der Polizei ermutigt.

Die Diskussionen über das in den Metropolen gescheiterte »911-Modell« führten dazu, daß neue Polizeistrategien für verwahrloste Viertel ausprobiert wurden. Sie heißen Pro-active policing (von der reaktiven Kriminalitätsbekämpfung hin zu einer sicherheitproduzierenden Präsenz der Polizei sowie vorbeugender Konfliktregulierung) oder Problem-solving (die Betonung liegt hier auf der Frage nach den Ursachen von Kriminalitätsmustern) oder Community policing (eine auf Bürgernähe zielende Umstrukturierung der Polizei verbunden mit einer Aktivierung der Bewohner) und haben gemein, daß Polizisten oder Bewohnerbeauftragte mit polizeiähnlichen Zuständigkeiten in den Vierteln wieder als Ansprechpartner sowie als Kontrolleure Präsenz zeigen und auf kleine Vergehen sofort reagieren.

Von der Zero-Tolerance-Strategie, die ein Teil des Pro-active policing ist, spricht in den USA kaum noch jemand. Selbst in New York, wo diese härtere Gangart nach wie vor Anwendung findet, ist sanft und viel publikumsfreundlicher die Rede von einer »quality-of-life« campaign, wenn die neuesten Aufräumphantasien Giulianis über den Lokalteil der New York Times bekanntgemacht werden. Wer möchte seine Lebensqualität nicht verbessern? Aber wodurch? So soll es nun Taxifahrern an den Kragen gehen, die in zweiter Spur halten, um Fahrgäste einsteigen zu lassen, in den 30er Straßen werden die Sexshops geschlossen und an den Rand Manhattans sowie nach Queens und Brooklyn verlegt werden. Genosse Rudolph W. Giuliani säubert die Hauptstadt der Welt vom Ungeziefer.

In Berlin, wo man jetzt Hauptstadt nicht nur spielen darf, sondern eine werden oder, besser noch, bereits sein muß, macht das Eindruck. Die willkommenen Nebenmöglichkeiten und Nebenwirkungen sind es, die einen Ordnungspolitiker einfach faszinieren müssen. Diese Faszination ist so groß, daß in Berlin bisher niemand daran gedacht hat, den Kampfbegriff Null-Toleranz zu ersetzen durch einen freundlicher klingenden. Eine willkommene Nebenmöglichkeit der Null-Toleranz-Strategie besteht darin, daß unter dem Vorwand, den bestehenden Gesetzen zu Beachtung und Geltung zu verhelfen, unliebsame oder als Störer eingeordnete Personen aus den Innenstädten verwiesen und, wenn es sein muß, an den Stadtrand gekarrt werden können. Das wird funktionieren. In New York City sieht man kaum noch Bettler. Aufgrund der Schwierigkeiten, die die Polizei ihnen machte, sind sie fast vollständig aus Manhattan raus oder an den Rand gezogen.

Bratton war also hier, vorgestellt vom Erscheinungsbildsenator, und es war wieder einmal Sommer. Durch die Berliner Presse zischelte ein gewisses ordnungspolitisches Gegeifer, und ihr Sommerbegriff hieß: Null Toleranz. Der Erscheinungsbildsenator wurde nicht müde, Woche für Woche zu wiederholen, daß Schwarzfahren in öffentlichen Verkehrsmitteln kein Kavaliersdelikt sei, daß die Verwahrlosung der Stadt zunehme, daß Graffiti Sachbeschädigungen seien und der Straßenverkauf unverzollter Zigaretten ein Übel. Beiläufig rutscht ihm zur selben Zeit heraus oder gibt er zu, daß Berlin nach wie vor die höchste Polizeidichte in Deutschland habe, und gleichzeitig, daß ein »Verlust der Kontrolle über das Verbrechen« zu konstatieren sei und man sich unbedingt am New Yorker Modell orientieren müsse. Der einzige, der checkte, daß die amerikanische Gesetzgebung nicht auf die deutsche übertragbar ist und der Brattons Vorschläge kritisierte, war der Berliner Polizeipräsident, der die ganze Zeit wie ein Spielverderber wirkte.

Das Bratton-Modell ist ein Auslaufmodell. Seine wichtigste Funktion ist wahrscheinlich die, abzulenken von den Problemen der Stadt, abzulenken davon, was in großem Stil schiefläuft, und abzulenken von der Unfähigkeit der Stadtregierung, die Stadt zu regieren. Was den selbstherrlichen Rudolph W. Giuliani betrifft, der New York säubert, so hört sich die Meinung der New York

Times dazu inzwischen so an: »In der City Hall scheint man zu glauben, man könne tun, was man will ... solange die Mordrate niedrig bleibt, Wall Street weiter boomt und die Ubahn einigermaßen pünktlich fährt.«

In Berlin bekommt man seine Schulhäuser nicht mehr sauber und stellt daraufhin fest, daß die Kinder zu viel Schmutz machen. Die öffentlichen Verkehrsmittel haben aufgrund permanenter Angebotsverschlechterung sinkende Fahrgastzahlen und ein Defizit. Schuld sollen die Graffitisprayer und die Scratcher sein, deren Schäden man bezahlen müsse. Es gelingt der Stadtreinigung in manchen Bezirken nicht mehr, die öffentlichen Wege und Plätze sauber zu bekommen. Die Müllmenge sinkt jährlich um sieben Prozent, die Stadtreinigungskosten stiegen innerhalb von fünf Jahren um 113 Prozent. Doch in der Logik der Bewohnerbeschimpfung sollen Undisziplinierte, die ihren Müll nicht ordnungsgemäß entsorgen, schuld an manchem verwahrlosten Straßenbild sein. Das Hauptstadtreifezeugnis wird den Bewohnern erst ausgestellt, wenn sie die Arbeit der Stadtreinigung als unbezahlte Nebenbeschäftigung übernehmen.

Mit Null-Toleranz lassen sich wirkliche Probleme einer Stadt kleinreden auf das Mißverhalten Einzelner, womit man zwei Sachen gleichzeitig erreicht: Über das, was wirklich schiefläuft, wird geschwiegen, und den Bewohnern gegenüber werden Maßregelungen ausgesprochen. Aber auch mit Null Toleranz gelingt es den Gewählten nicht, die Wähler auszutauschen. Immerhin erreicht der Erscheinungsbildsenator mit seiner Kampagne, daß Denunziationen nichts Ungutes mehr anhaftet: Die Berliner Morgenpost installiert ein sogenanntes Dreck-Telephon. Stolz berichtet eine Lichterfelderin, die nicht genannt werden will, wie sie einen Gesellschaftsschädling überführte, der seinen Müll neben dem Container abgestellt hatte. Die Dame machte dessen Telephonnummer ausfindig und rief ihn an, um ihn zu belehren. Am sogenannten Dreck-Telephon der Berliner Morgenpost beklagt sie sich nun, daß sie bei dem Angerufenen auf eine unfreundliche Reaktion gestoßen sei.

In Umfragen wird Null-Toleranz von der Bevölkerung unterstützt. Denn unabhängig von dem, was mit dieser Strategie erreicht wird, ist mit ihrer Ausrufung schon etwas erreicht: Das in sehr großen Städten partiell immer vorhandene Unsicherheitsgefühl wird umgeleitet in die Zuversicht, daß dieses Unsicherheitsgefühl verringert werden kann. Es stört die Antwortenden nicht im geringsten, daß Null-Toleranz ein Säuberungs- und manchmal auch ein Deportationsprogramm ist. Sicherlich gehen sie davon aus, daß sie selbst nicht gemeint sind.

Werberahmenprogramm

»Das ist ja wie im Film.« Nein, wie Fernsehen. Also Werberahmenprogramm, falls nicht pure Werbung läuft. Entweder schauen wir auf Werbung oder auf ein Werberahmenprogramm. Der Stadtwald besteht aus nichts anderem. Logisch, daß Berlin sich besser verkauft, wenn das Werberahmenprogramm laufend den Vorstellungen der Werbung angepaßt wird. Es muß so aussehen, daß sich die Werbung davon ordnungsgemäß abhebt und daß Werbung Werbung betreiben kann. Die Werbungmacher für irgendwas, aber auch die Werbungmacher für die Stadt haben größtes Interesse an einem funktionierenden Werberahmenprogramm, weil eine Werbung für irgendwas beziehungsweise eine Stadtwerbung sonst nicht im geringsten ankommt. Werberahmenprogramm in der Stadt setzt sich aus allem zusammen, was man sehen kann, wenn man in der Stadt umherirrt, das sogenannte öffentliche Leben: Der Bezirk, die Straße, der Bürgersteig, die Hauswand, die Wartehalle, die Sitzbank, die Busscheibe, die Unterführung, der Grüngürtel, der Ampelmast, die Menschen, die Mülleimer. Das öffentliche Leben, wie es erscheint, provoziert den Betrachter zu einer Aussage darüber, wie es um das Werberahmenprogramm bestellt ist. Je geordneter das öffentliche Leben, desto gelungener das Werberahmenprogramm. Je nach Interessenlage verweisen die Betrachter und Bewohner auf unterschiedliche Mißstände, die ein einwandfreies Werberahmenprogramm stören. Für manche besteht die Unterbrechung des schönen Programms im Hundekot, für andere in weggeworfenen Kühlschränken, stehengelassenen Autowracks, oder es verhindern Graffiti und zerkratzte S-Bahnscheiben den reinen Genuß. Oder jemand kann keine Plakate und Wandbehänge mit der ordentlichen großen schönen Werbung mehr sehen – zweifellos ein notorischer Außenseiter, der von den Wächtern des öffentlichen Straßenbildes im Auftrag eines einwandfreien Werberahmenprogramms aufs schärfste kritisiert wird.

Wir stellen uns die Stadt als eine riesige Veranstaltungshalle vor, wir stellen uns die Stadt als ein Fernsehprogramm vor. Eine Stadt steht in Konkurrenz zu anderen Städten, so wie die Veranstaltungshalle in Konkurrenz zur anderen Veranstaltungshalle steht und Fernsehprogramme mit anderen Fernsehprogrammen konkurrieren. Die Stadt ist eine Show und kein Selbstverwirklichungslager.

Hören wir endlich auf davon zu faseln, die Stadt müsse den Bedürfnissen der Bewohner angepaßt, diesen sogenannten Bedürfnissen womöglich nachgebaut werden. Ob und, wenn ja, welche Bedürfnisse die Bewohner haben, ist keinesfalls gesichert, Ansichten stehen gegen Ansichten, Vorlieben gegen Vorlieben. Hören wir also endlich auf, die Städte sozialromantisch zu verklären und um die eigentliche Funktion einer Stadt herumzureden. Eine Stadt ist zuallererst ein Standort, der sich so viele Standortvorteile wie möglich verschaffen muß, weil er in Konkurrenz zu anderen Standorten steht. Eine Stadt ist nicht in erster Linie ein Ort zum Leben, sondern ein Ort, den man vorzeigen können soll, wie eine Veranstaltungshalle oder ein Fernsehprogramm. Ob unsere Präsentation erfolgreich ist, erfahren wir durch die Quote, die Quote der Auslastung, die Quote der Zuschauerzahl, die Quote der Touristen. Was wären die Bewohner einer Stadt für Bewohner, wenn man ihre Stadt nicht kennen würde? Was wären die Bewohner einer Hauptstadt für Bewohner, wenn man ihre Hauptstadt nicht würde kennen oder kennenlernen wollen? Die Bewohner haben sich danach zu richten, daß eine Stadt ein Unternehmen ist, und sie, die Bewohner, sind, soweit das Melderegister reicht, seine Angestellten, seine Zulieferer und seine Repräsentanten. Die meisten

Bewohner sind so gut erzogen, daß sie sich von selbst um den Zustand ihres Werberahmenprogramms kümmern.

Früher waren die Bewohner beim Film, wo sie in Ermangelung eines echten Stadtlebens sich eines simulierten, Film den ganzen Tag. Inzwischen sind die Bewohner beim Fernsehen und machen nur noch Fernsehen, Programm rund um die Uhr. Wie das Fernsehen macht die Stadt Programm, wie es Fernsehprogrammzeitschriften gibt, gibt es auch Stadtprogrammzeitschriften, es gibt Fernsehprogrammacher und Stadtprogrammacher, es gibt Fernsehkritiker und Stadtkritiker. Sinkt die Quote ab, treten die leitenden Angestellten auf den Plan und tauschen das Personal aus oder benennen Schuldige und drohen mit Personalaustausch. Fällt die Quote, so ist das Werberahmenprogramm nicht mehr attraktiv genug. Man kann auch behaupten, das Werberahmenprogramm sei nicht attraktiv genug, nicht, weil die Quote gesunken wäre, sondern weil man die Quote steigern will. Die leitenden Angestellten der Stadt Berlin tun dies immer wieder, wenn sie beklagen, das Werberahmenprogramm des Berlinprogramms entspreche nicht den Ansprüchen eines Hauptstadtprogramms, und wenn sie phantasieren, das Berlinprogramm könne viel mehr Zuschauer haben, sobald es sauberer wäre, sobald die Wohnungslosen vor die Tore der Stadt geschafft wären und sobald das Betteln innerhalb der neulich unter Jubel abgerissenen Stadtmauern verboten wäre.

Es gibt keinen Selbstzweck. Vielleicht und höchstens in der Kunst. Eine Stadt ist ebensowenig ein Selbstzweck wie ein Fernsehprogramm. Selbstzweck ist schön und geistreich, doch nur selten einträglich. Innerhalb eines Systems ist Selbstzweck eine Insel, nicht anschlußfähig, es sei denn als Insel, was er auch ist, im Unterschied zum Festland, und nur über dieses zu definieren, als Gegensatz, als andere Seite derselben Unterscheidung.

Ich habe mich am Einschaltknopf aufgegeben, bin zur Verschickung ins Land der behaglichen Aufgabe, des sanften fühllosen K.O. gereist. Habe mir zwei Abende lang willenlos den Kopf vollscheißen lassen vom Fernsehen. Als müßte ich ganz voll werden, um leer zu werden. Das ist das moderne Nickerchen. Man hat ja beim Fernsehen die Augen geschlossen. Bei manchen Meditationsübungen hat man die Augen geschlossen, aber mit geschlossenen Augen schaut man ins belebte Dunkel hinter dem heruntergeklappten Lid. So ist Fernsehen. Ich schaue nicht wirklich Bilder außerhalb meiner selbst an. Ich meditiere, schalte ab und laß mir in dieser Döshaltung Bilder vorführen, die ich nicht für sich sehe, sondern erst, wenn sie mich zu betreffen scheinen. Doch wenn sie mich betreffen, steigert sich lediglich der Taumel, etwas hinter den geschlossenen Lidern zu sehen (und immer sieht man etwas, wenn man offenen Auges auf die geschlossenen Lider schaut), das einen betreffen könnte. In der Regel betrifft einen das nicht, was das Fernsehen bringt, der Unterschied ist nur, daß es egal ist, ob einen etwas betrifft oder nicht. Es betrifft einen alles und nichts. Alles ist interessant. Nichts ist wichtig. In diesem Taumel lebt der Stadtspaziergänger. In diesem Taumel lebt der, der ohne Stimme im Radio oder ohne laufendes Programm, ohne eigenes Ausblenden bei weiterlaufendem Programm nicht einschlafen kann. Es gibt keine Einschalt- und keine Ausschalttaste. Das Programm beginnt als Radiowecker und endet mit der einprogrammierten Selbstausschaltung, nachdem man eingeschlafen ist (der Fernseher merkt das daran, daß er keine Iris lesen kann, die auf ihn gerichtet ist). Innerhalb der Wohnungen die Stadt. Außerhalb ihrer das Fernsehen.

Wer hier spricht? Der Zuschauer. Ich bin er. Ich schaue das Programm Fernsehen an. Ich schaue das Programm Stadt an. Vieles haben sie gemeinsam. Sie werben um mich und andere, machen Werbung für sich und andere. Und machen ein sich in gutes Licht rückendes Programm, das die Werbung einrahmt, Werberahmenprogramm. Die Stadt ist ein Programm. Das Fernsehprogramm ist eine Stadt. Ich gehe durch die Stadt und sehe fern. Ich sehe fern und gehe durch eine Stadt.

Doch es gibt Unterschiede. Als Stadtzuschauer bin ich Teil des Programms Stadt. Ich sehe mich zum Beispiel in den verglasten Passagen mitten durch die neue Friedrichstadt hindurchgehen. Als Fernsehzuschauer gehe ich höchstens durch die Vorstellungen von Programmachern, doch nicht selber durchs Programm wie in meiner täglichen Art, wenn ich durchs Stadtprogramm schlendere oder haste.

In der Fernsehstadt ist Mißbrauchsgeilheit und Wichsfernsehen angesagt. Andauernd geht es um irgendwelche Mädchen, die alle Welt nur mit Vornamen kennt. Diese Mädchen sind vergewaltigt und getötet worden. Filme fangen an mit Sätzen wie DER ORT WIRKT SELTSAM FRIEDLICH, um dann um so schockierender wieder und wieder zu sagen, was geschehen ist, und ein Publikum scheint sich an der Ermordung der Mädchen zu weiden, es liebt das Werberahmenprogramm, voll von Tötungsbeschreibungen und weinenden Angehörigen.

Wenn das Fernsehprogramm sich säubern will, geschieht das außerhalb von mir, und ich betrachte das Ergebnis, ohne selbst Subjekt der Säuberungen zu sein. Wenn das Stadtprogramm sich säubern will, will es sich von Subjekten der Stadt lösen, und ich überlege, ob, wenn es sich nicht um mich selbst dreht, vielleicht einige meiner Freunde gemeint sind.

Und doch sind da Gemeinsamkeiten. Säubert sich das Fernsehen, dann will es sich von seinen Schmuddelecken trennen, die in die Diskussion geraten sind. Schmuddeldiskussionen über ein Fernsehprogramm sind an sich für das Programm negative Diskussionen. Negative Diskussionen stören das Vertrauen der Werbewirtschaft ins Werberahmenprogramm. Sie will ihre Werbung in seriösem Rahmen präsentiert sehen. Säubert sich die Stadt, dann will sie sich von ihren Schmuddelecken trennen, die ständig im Gespräch sind. Schmuddeldiskussionen für ein Stadtprogramm sind negative Diskussionen. Sie stören das Verhältnis zu denen, die vorhaben, in diese Stadt zu reisen, für kurz oder für immer. Die, die kommen, wollen in eine saubere Hauptstadt reisen.

Bildstadt

Das Stadtbild ist, wie es ist. Ich muß nicht etwas als schön oder häßlich einordnen, um es zu akzeptieren. Fehler, die früher gemacht wurden, werden nun nicht mehr gemacht. Dafür werden nun solche Fehler gemacht, die noch nie gemacht worden sind.

Über das Stadtbild findet eine dauerhafte Selbstbefragung in Form von Diskussionsveranstaltungen statt. Die Frage scheint zu lauten: Wie sehe ich aus? Aber heißt die Frage nicht doch so: Wie sehe ich in den Augen anderer aus? Oder kann es sein, daß die Frage noch etwas verzwickter ist und möglicherweise so klingt: Wie sehe ich in den Augen anderer aus, die ich naturgemäß durch meine Augen sehe? Also, könnte man an dieser Stelle meinen, hat es doch wieder den Anschein, als laute die Frage: Wie sehe ich mich selbst? Vielleicht versehen mit der Zusatzfrage: Wie möchte ich gesehen werden? Beziehungsweise: Wie präsentiere ich mich? Und wie wird meine Repräsentationsanstrengung wahrgenommen?

Man kann sich nur dort re- oder präsentieren, wo man gesehen wird. Das Stadtbild ist das Fernsehbild. Die Stadtbildfrage ist deshalb keine Frage, die in Hermsdorf oder Lichtenrade spielt, sondern im Stadtzentrum. Die Mitte redet über die Mitte. Soll der Palast weg, soll das Schloß hin? Kaum jemand spricht über Orte, die täglich hunderttausendfach frequentiert werden, jedoch nicht in der Stadtmitte liegen. Gehe ich über den Kurt-Schumacher-Platz, bekomme ich sofort das februarkalte Drei-Wetter-Grausen. Dieses optische Unglück sieht aus, als würde das kaputte Nachkriegsberlin mit neuen Baustoffen rekonstruiert. Ginge es beim Thema Stadtbild wirklich um das Stadtbild, dann hätte man über Plätze wie den Kurt-Schumacher-Platz zu reden, oder über das heruntergekommene Siemensstadt, oder zum Beispiel über die Horrorecke Tempelhofer Damm und Ordensmeisterstraße. Aber darum geht es nicht.

Die Frage nach dem Stadtbild ist eine Frage nach dem Zustand des Werberahmenprogramms und zudem eine Frage nach dem augenblicklichen Stand im Raumkampf. Kampf um den öffentlichen Raum: In den sechziger Jahren war das ästhetische Empfinden der Nachkriegsberliner zuerst gestört durch Gammler, Gaukler und sommerreisende Straßenartisten. Später waren es Demonstrationen, Sit-ins und Happenings. Noch später fand Raumkampf statt in Form von Hausbesetzungen. Um die Definitionsmacht über den öffentlichen Raum wiederzuerlangen, ließ der Senat die besetzten Häuser räumen. Der rotgrüne Momper-Senat der Endachtziger betätigte sich raumkampftechnisch zum Beispiel auf dem Gebiet der Verkehrsberuhigung.

Seit die Stadt umgebaut und umgekrempelt wird, gehören zum Alltag die Stadtbildspanner. Man trifft sie in der Nähe von Baustellen und frisch fertiggestellten Objekten. Sie forschen nach immer neuen Perspektiven, sie suchen die noch nicht gewesene Ansicht. Sie stehen an Orten, zu denen, dachte man bis eben noch, kein Weg hinführt. Der Stadtbildspanner aber findet diese Wege. Stadtbildspannen ist eine Beschäftigung der Mehrheit. Am Potsdamer Platz kommt man ihr mit einer haushohen Aussichtsplattform, der sogenannten Info-Box, entgegen.

Der Platz brummt. Höchststufe Bauen. An allen Projekten wird jetzt gleichzeitig gearbeitet. Die kommenden Straßenzüge sind zu erkennen. Alle Vergleiche mit diesem Platz, wie er noch vor wenigen Jahren aussah, sind vor Ort ehrlicherweise nicht mehr zu ziehen. Man erkennt nichts Altes mehr wieder, nur langsam etwas Neues neu. Nur ein Karree, das eingezäunt ist und das einzige, auf dem nicht gebaut wird, verhilft zur Orientierung, wo früher was gewesen war. Es handelt sich um das Stück Land, in dem der, wie wir sagen, Führerbunker sich befindet. Auf dem Hügel läßt sich eine Mädchen-Popband photographieren, die Elstern schweben im Tiefflug drüber weg, und keiner darf da ran.

Das Führerhaus der deutschen Geschichte liegt unter dem Potsdamer Platz und wird Bunker genannt. *The Führerbunker* ist da und man tut so, als gäbe es ihn nicht. Wir sollen seiner nicht ansichtig werden. Statt dessen wird um eine Tafel mit über sechs Millionen Namen geschachert, die an gleicher Stelle entstehen soll oder nicht, damit der Deutsche seiner Opfer gedenke oder nicht, da er doch nichts mehr mit seinen Vorfahrtätern zu tun haben will, oder doch? Widerspenstig und monströs ragt diese Führerbrache hervor und hinterläßt ein schreiendes Nichts.

Ein anschaulicher Übergangs-Ort ist der Bahnhof Ostkreuz, wo sich sieben S-Bahnlinien treffen. Es ist eine wie hingeschissene Station, die noch ganz wie die DDR aussieht. Allein die Graffiti dort, selbst die im Mauerwerk verwitterten, sind die einzige optische Wohltat. Der Rest ist Antioptik. Wie hingeschmiert erscheint das ganze Bahnhofsareal und verrät einiges darüber, was man von den Leuten hält, die gezwungen sind, sich dort aufzuhalten.

Übergangszeiten sind Zeiten zwischen den

Ordnungen, Zeiten des temporären Chaos, des trial and error. Berlin ist die deutsche Stadt, der man das an jeder Ecke anmerkt und anmerken muß. Wenn es in der achtundsiebzigjährigen Geschichte von Großberlin überhaupt eine Konstante gibt, dann die, daß die Stadt sich immer in Übergangszeiten befand, vor dem Krieg, während des Kriegs, nach dem Krieg, vor der Mauer, während der Mauer, nach der Mauer.

Noch ein Bild aus der Übergangszeit, aus der Friedrichstraße: Oben die letzten hämmernden und schweißenden Arbeiter, unten, zwischen den um einen aufgefalteten Stadtplan gescharten Urlaubsgruppen, die ersten hallenden Stöckelschuhauftritte der Geschäftigen, die hier lange noch kein Geschäft machen werden.

»Wo immer sich Steinmassen und Straßenzüge zusammenfinden, deren Elemente aus ganz verschieden gerichteten Interessen hervorgehen, kommt ein solches Stadtbild zustande, das selber niemals der Gegenstand irgendeines Interesses gewesen ist.« (Siegfried Kracauer, Aus dem Fenster gesehen)

129 Arten sich durch die Stadt zu bewegen

Gehen
wuchten
hampeln
hetzen
torkeln
humpeln
hopsen
rennen
hecheln
tänzeln

tapern
wanken
rasen
marschieren
wuseln
kriechen
watscheln
plachandern
schunkeln
fliegen

gurken
flitzen
krauchen
klettern
robben
straucheln
kurven
stolpern
rutschen
sich schleppen

sich sputen
sich durchschlängeln
schwuchteln
staksen
hasten
treten
hüpfen
schleichen
laufen
eiern

rumscharwenzeln
trippeln
promenieren
schlenkern
stürmen
trotten

zotteln
dackeln
japsen
düsen

pesen
stapfen
zischen
joggen
tuckeln
klotzen
schieben
gleiten
pirschen
huschen

sich hangeln
(sich) schieben
sich begeben
trampeln
schlurfen
wippen
schlendern
springen
stromern
sprinten

trödeln
wedeln
trampeln
flanieren
schlittern
paradieren
latschen
wieseln
platschen
rumgeistern

hoppeln
brettern
stampfen
tigern
schlafwandeln
vorbeirempeln
wirbeln
rauschen
dribbeln
streichen

krauchen
sich fortbewegen
sich durch-/vorankämpfen
sich wiegen
treckern
stöckeln

taumeln
eilen
schreiten
wackeln

jagen
schwänzeln
tapsen
schaukeln
spazieren
schweben
drängeln
stiefeln
kacheln
lustwandeln

federn
galoppieren
wandern
donnern
rudern
steigen
kanten
fegen
eimern
schnurren

surfen
tuckeln
traben
sich durchtanken
sausen
preschen
zuckeln
rumhühnern
tucken

Schöne Ferien

Seinerzeit war Westberlin viermal von derselben Himmelsrichtung umgeben, egal wo ich hinfuhr, immer ging es nach Osten. Inzwischen sollte das anders sein, aber immer noch ist überall Osten, wenn ich, wie jetzt, die Stadt hinter mir lasse. Die DDR war Osten, das Land Brandenburg ist nicht weniger Osten. Ein Staat kann sich auflösen, verschwunden ist er dann noch lange nicht. Im Gegenteil wird nun augenfällig, welche Dinge und Erscheinungen des implodierten Staates einfach nicht verschwinden wollen, sich weiterhin im Untergrund oder auch an der Oberfläche halten und dem Betrachter die Möglichkeit eröffnen, mehrere Zeiten in dieser einen wahrzunehmen.

Ich sitze in einem Regionalexpreß der neuesten Baureihe, habe soeben die südliche Stadtgrenze überquert, die ich nicht mehr sehe, aber noch spüre, und rausche an neueröffneten Gewerbeparks und halbfertigen Hallenkonstruktionen vorüber. Der WAHNSINN ist wahr geworden, jeder findet es inzwischen normal, daß nach dem Bruch eine neue Epoche im Entstehen ist und kaum ein Stein auf dem anderen bleibt. Immer wieder stelle ich mir vor, daß die meisten, die in dieser Bahn sitzen, dies auf diesem technischen und Bequemlichkeits-Niveau erst seit ein paar Jahren tun können, daß sie aber so dasitzen, als lebten sie immer schon in dieser Gerätewelt und in diesem Bewegungsspielraum.

In der DDR gab es eine blau uniformierte sogenannte Transportpolizei, die die Bahnhöfe der kleinen Republik sowie das Geschehen im Inneren der Züge überwachte. Auch die meisten Gleisanlagen konnten beobachtet werden, ohne daß man die Überwacher sah. Wer einmal als Transitreisender gedankenverloren auf die Streifen neben den Bahndämmen stierte, wird sich in ein Muster hineingezogen gesehen haben, das dann bei langsamerer Fahrt auch zu identifizieren war. Es handelt sich um neben den Gleisen angelegte Sandwege, die früher von der Polizei benutzt wurden. Zwischen den beiden Sandwegen gibt es immer wieder kurze Verbindungswege, so daß die Kleinfahrzeuge der Beobachter den Reiseverkehr und eventuelle Regelverstöße gegen ihn überwachen konnten. Wenn ich jetzt aufs Land fahre, schaue ich wieder auf dieses Muster im Waldrand. Nun kann ich mir vorstellen, wie sie vor dem Epochenbruch in den anderen alten Zügen gesessen sind und nicht weniger geflüstert haben, als sie es heute tun, woran ich sie immer noch erkenne.

Brandenburgs Bürger sind berühmt geworden durch eine Rekordquote an Verkehrsunfällen mit tödlichem Ausgang sowie durch konsequente Fremdenfeindschaft. Orte wie Gollwitz oder Dolgenbrodt oder Mahlow stehen für die ungebrochene Bereitschaft, sogenannte national befreite Zonen zu schaffen. In Mahlow sagte man mir entrüstet, was in Mahlow geschehe, das sei auf Brandenburger Niveau nichts Besonderes, ich solle mich mal in Königs Wusterhausen umschauen, da seien die jungen Männer in ihrem Vorgehen noch viel drastischer. In Königs Wusterhausen riet man mir eindringlich, Königs Wusterhausen zu vergessen und mich in Wildau umzuschauen, da gehe es doch viel brutaler ab. In Wildau sagte man mir klipp und klar und ich glaube auch etwas enttäuscht, gegen die Strausberger Szene sei man völlig harmlos. In Strausberg warnten sie mich eindringlich vor den Oranienburgern, die seien am härtesten von allen drauf, das wüßten auch alle. In Oranienburg hörte ich, daß man dort höchsten Respekt vor den Eberswaldern habe, die nie lange fackeln würden. In Eberswalde erfuhr ich, die Post ginge in Schwedt ab, hier sei alles völlig normal. Jeder dieser Orte aber war brandenburgisch normal.

In diesem Sommer werden die sogenannten national befreiten Zonen ausgeweitet zu berlinerfreien Zonen. Die Zone soll es eben noch immer sein. Berliner Schüler werden durch Brandenburger Dörfer gejagt und schwer verletzt. Berliner Wochenendausflügler werden verfolgt und angegriffen. Im Regionalexpress, in dem ich sitze, flezen erschöpft die Schüler, es ist früher Nachmittag. Glatze oder Kürzestschnitt sind Pflicht. Die Mitte ist rechts. Hier sitzen ihre Kinder.

Brandenburg hat einen Kulturminister. Seiner Ansicht nach müßten die Bürger den von ihm so genannten Rechtsradikalen klarmachen, daß sie der touristischen, wirtschaftlichen, kulturellen und sozialen Entwicklung Brandenburgs schaden. Zweifellos ist das billiger, als Jugendlichen Freizeitangebote außerhalb von Spielhallen und Fußgängerzonen anzubieten. Eine naive Antwort im Jahr sechs nach Solingen ist lange nicht zu hören gewesen. Aber Brandenburg läßt seine nationalen Jugendlichen nicht im Regen stehen. Die Musikgruppe Proissenheads ist vom Potsdamer Jugendamt von 1994 bis April 1998 gefördert worden mit kostenlosem Probenraum und Zuschüssen zum Equipment, obwohl die Proissenheads im Bericht des brandenburgischen Verfassungsschutzes 1996 und 1997 erwähnt werden.

Das Jugendamt behauptet, dies nicht gewußt zu haben. Ich schlage den Verfassungsschutzbericht auf und benötige etwa drei Minuten, um die Stelle zu finden, an der auf die Proissenheads hingewiesen wird als rechtsextreme Musikgruppe.

»Eine 17jährige Schülerin ist von vier jungen Mädchen auf einem Sportplatz in Zepernick (Barnim) schwer mißhandelt worden. Das Opfer wurde geschlagen und mit Füßen getreten. Es wurde außerdem mit einem Schal um den Hals an einen Blitzableiter gebunden und bis zur Bewußtlosigkeit gewürgt.« (MAZ 7./8. 3. 98)

Der Regionalexpreß entfernt sich immer weiter von Berlin. Die ersten drei Bahnhöfe außerhalb der Stadt sind modernisiert und aufgemöbelt worden mit dem Standard, der innerhalb der Stadt üblich ist. Die Abstände zwischen diesen Stationen sind so kurz, daß der Zug keine nennenswerte Geschwindigkeit bekommt. Dann fährt man fünfzehn Minuten durch dichten Wald. Der nächste Bahnhof, an dem ich aussteigen muß, ist dem republikweiten Wandel entgangen. Nur angesichts des leuchtenden Rots der Bahnschranke könnte man auf die Idee kommen, daß es früher solch einen leuchtenden Lack in dem untergegangenen Staat gar nicht gegeben hat, es hat auch nicht diese Autos gegeben, die jetzt den Bahndamm überqueren, doch alles andere scheint unberührt gelassen. Ein marodes Bahnhofshäuslein, dessen Tür zum Bahnsteig hin nur aufgeschlossen wird, wenn ein Zug angekommen ist oder kurz bevor einer einfährt. Krumme, eineinhalb Meter breite Bahnsteige. Das ist kein Vorort von Berlin mehr. Kein städtisches Hintergrundgrummeln. Land. Nun höre ich, daß das Stadtgeräusch zwar nicht mehr in der akustischen Umgebung, wohl aber noch in meinem Kopf vorhanden ist.

Man riet mir davon ab, den Weg vom Bahnhof zum Haus zu Fuß zu gehen, man riet mir, mindestens ein Fahrrad zu benutzen. Zwar habe ich größten Respekt vor brandenburgischen Autofahrern, doch stellte es sich gerade als inspirierend heraus, an der Landstraße entlang zu Fuß zu gehen und manchmal kurz in den Wald einzuschwenken. Beim ersten Mal lief ich durch den besten Sonnenregen und maß das Gebiet Schritt für Schritt ab. Ein Regenbogen tat sich vor und über mir für mich auf. Als ich ankam, war das Stadtgeräusch aus meinem Kopf. Der ehemalige Getränkestützpunkt am Wegesrand ist nun ein Getränkemarkt. Nicht mehr Stützpunkt, richtig, sondern Markt. Rechts rauscht das Uferlaub, links die Autobahn nach Dresden. Hin und wieder steigt ein in Schönefeld gestartetes schweres Flugzeug langsam auf. Jugendliche rattern in flatternden Klamotten auf frisierten Mofas über das Kopfsteinpflaster, als hätten sie alle einen Termin oder als seien wir hier in Italien. Kurze Zeit später sitze ich dreißig Kilometer südlich Berlins an einem See und schaue nach Westen. Mein Platz liegt zehn Meter über dem See, zehn Meter von ihm entfernt. Plötzlich ist es so still, daß die Stille auf die Ohren drückt.

Komme ich aufs Land, um mich zu erholen, stelle ich jedoch fest, daß es auf dem Land viel lauter ist als in der Stadt, daß man dort viel mehr belästigt wird als in den angeblich lauten Städten, die in Wirklichkeit nur laut sind, wenn man sich an eine Straßenkreuzung stellt, und die traumhaft leise sein können, besonders zu besonderen Zeiten, wenn kein Wind geht und die lauten Straßen sich gar nicht weit weg, aber hinter vielen dicken Wänden befinden. Auf dem Land schreit die Natur mich an, an der See die Brandung, im Flachland die Vögel und im Dorf die schon in aller Herrgottsfrühe unter deinem Fenster schamlos laut sprechenden Dorfmenschen. Kein Stadtmensch würde das wagen. Auf dem Land braucht nur ein Wind zu gehen, schon ist es laut, und die Blätter säuseln oder kreischen den ganzen Tag lang.

Also ist es nichts mit Erholung bei all dem Krach. Richtig gemein wird es auf dem Land aber erst, wenn es still wird, wenn alles das eintritt, was man sich vom Land erhofft hat, eben die Bedingungen für eine dem Stadtmenschen angemessene Pause der Entspannung. Dann ist es auf dem Land so unnatürlich, so übertrieben still, daß man sich vor röhrendem Nichts nicht richtig ausruhen, nicht entspannen kann. Man wünscht sich zwar das Land und die Landesruhe, aber doch nicht so total, daß man meint, man hätte das Gehör verloren. Oder daß man nur noch das Rauschen in den eigenen Blutbahnen hört und nichts anderes mehr, weil nichts anderes mehr da ist. Das laute Land und das leise Land sind meistens zu laut oder zu leise. Nur hin und wieder, dann und wann, möchte man sagen, tritt der Idealzustand ein, wo man noch etwas hört, aber nicht zu viel, wo es still ist, und doch nicht ganz. Nur wegen dieser Momente, die völlig unvermittelt und ankündigungslos geschehen, fahre ich überhaupt noch aufs Land. Wegen der Stille nicht und wegen dem Krach nicht. Aber wegen dieser wunderschönen Stimmung dazwischen. Bläst der Wind aus der Richtung der Autobahn, die ein paar Kilometer entfernt ist, und höre ich dieses Autobahnrauschen leise im Hintergrund, so fühle ich mich wohl wie auf dem abgeschiedenen Landfleck und doch in Verbindung mit anderen, da hörbar in der Nähe der Zivilisation.

Im Mahlower Ortsteil Glasow sind einem Mädchen die Haare geschoren und ist ihr ein Hakenkreuz auf die nackte Brust gesprüht worden. Am übernächsten Tag fängt immer mal wieder einer in der Kneipe am Bahnhof an, davon zu erzählen. Die Wirtin beharrt darauf, daß die Tat nichts mit Mahlow zu tun habe, da sie in Glasow verübt worden sei. Ein Jahr zuvor sind in Mahlow drei in Jamaika geborene Briten angegriffen worden. Eines der Opfer ist seitdem querschnittgelähmt.

Sag was du willst

Sie können über Berlin sagen, was Sie wollen; es wird stimmen. Berlin ist die Hauptstadt Deutschlands, wie jedes Kind weiß. Der Berliner Zeitungsleser weiß zudem, daß Berlin die Hauptstadt der Kriminalität ebenso sein soll, wie es der deutsche Ort mit der höchsten Polizeidichte ist. Sicherlich ist Berlin die Hauptstadt der Vereinigung. Vielleicht aber auch die Hauptstadt der Schwierigkeiten der Einheit. Berlin liegt in der Mitte Europas und gleichzeitig an seinem östlichen Rand. Es ist die Stadt des Gelingens und des Scheiterns, Zentrum der Opernmusik und der Technomusik, die Stadt mit den meisten Tageszeitungen und mit keiner guten Tageszeitung, und natürlich die Stadt der *tageszeitung*. Eine Metropole des Westens und gleichzeitig eine Stadt, die nach wie vor mitten im Osten liegt. Sagen Sie etwas über Berlin, es wird stimmen. Einmal Frontstadt, immer Frontstadt. Schaufenster des Westens und Schaufenster des Ostens. Westliches Zentrum der Russenmafia und östliches Zentrum der Deutschenmafia. Zentrum des deutschen Faschismus und Zentrum der sanften Revolution. Es ist die Mauerstadt ebenso wie die Stadt ohne Mauer. Schön und häßlich, neu und alt, ein Versprechen und ein Verhängnis. Hier ist alles richtig und falsch, hier ist der Ort, an dem die Widersprüche tanzen. Ebenso scheinen sie aber auch gerade hier zum Verschwinden gebracht zu werden. Richtig oder falsch? Richtig *und* falsch. Hauptstadt der Chaoten und der Ordner, der Fertigen und der Völligfertigen, Hauptstadt der Gewinner ohne Gewinn, der Verlierer ohne Verlust, der Krieger ohne Krieg. Hauptstadt der Spitzel und der Bespitzelten, Hauptstadt der Aufklärer und Vertuscher, gleichermaßen Zentrum der Schönredner wie der Miesmacher. Berlin ist gefährlich und völlig ungefährlich, es gibt keine öffentliche Sicherheit, und es gibt nichts anderes als öffentliche Sicherheit. Hier ist der Ort mit dieser berühmten Vergangenheit, aber auch mit dieser berühmten Zukunft. Nicht *aber*, sondern *und*. Die Berliner sind ruppig und rücksichtsvoll, sie sind schroff und herzlich, haben ein großes Maul und besitzen ein gutes Benehmen, flegeln herum und kriegen den Mund nicht auf. Die Berliner sind vor allem gar keine Berliner. Die Berlinfeinde sind in Berlin vernarrt. Die Berlinfreunde hassen Berlin. Es gibt keine andere Hauptstadt, doch viele Städte halten sich für eine. Berlin müßte erfunden werden, gäbe es es nicht schon, als Haßprojektionsfläche für die, die das nicht einsehen, aber spüren, daß sie es müssen. Berlin ist einen Haß wert, Berlin ist eine Liebe wert, warum? Weil es die Vorstellungen übersteigt. Es hat nie so eine deutsche Stadt gegeben, seit der Trümmerstaub verflogen und der Schatten des Führers blasser geworden ist. Nie so einen Erinnerungszwang, nie so einen Projektionszwang. Es hat nie so eine internationale Stadt gegeben in diesen durchmiefen zwei Nachkriegsdeutschlands. Es hat ja keine Normalität gegeben. Es hat eine Politik der Normalisierung gegeben, sie war wohl erfolgreich, jetzt beginnt die Normalität und das große Stöhnen darüber, weil was wir gewohnt waren, das war der Ausnahmezustand, die Besatzung, das Nicht-über-sich-Verfügen, und niemals die Normalität. Es hat nachkriegsniemals so eine normale, von Menschen aus allen Himmelsrichtungen zu allen möglichen Zwecken aufgesuchte, auch heimgesuchte Stadt gegeben wie diese hier. Man kann darin eine Verheißung sehen oder das Chaos. Keiner, der nicht recht hätte. Das Ende kann man sehen oder den Anfang. Man kann das Chaos der Baustelle betrachten oder darüber hinaus das zukünftige Haus erahnen. Man kann sagen, die Berliner seien nicht hauptstadtreif, und kann sagen, dieser Hauptstadtbegriff sei nicht berlinreif. Es ist herrlich. Es ist genaugenommen der

Hauptstadtausweis. Die Hauptstadt ist für alle da. Du kannst sagen oder erwarten, was du willst, etwas davon wirst du in der Hauptstadt wiederfinden. Sie ist die Hölle und der Himmel, der Moloch der Anonymität sowie der Garant, nicht beobachtet oder beachtet zu werden.

Jede Erzählung über die Stadt ist zugelassen. Genaugenommen ist die Stadt abhängig davon, daß über sie gesprochen wird. Sie dankt allen, die über sie sprechen, was es auch sei. Früher konnte aus Westberlin jeder sich das machen, was er wollte. Schon die Reise nach Westberlin war für First-Class-Verwöhnte ein Viehtransport, für Entefahrer eine Initiation, Westberlin war die Hauptstadt des Terrors und die Hauptstadt der Freiheit, vor allem war hier immer schon die Hauptstadt der Erzählung. Kein Wunder, daß mancher Feuilletonist einen wohlfeilen Ekel zeigt vor Texten, die in Berlin spielen. Berlin ist größenwahnsinnig und provinziell, Berlin besteht aus vielen Dörfern und ist selber ein Dorf und ist selbstverständlich alles andere als ein Dorf. Bonn ist Bonn, und Berlin ist alles andere. Bonn befindet sich längst in Berlin, weil hier auch Platz für Bonn ist, aber in Bonn wird es niemals Berlin geben.

Natürlich läßt sich sagen, jeder Depp rede von der Zukunft Berlins, ohne daß die sogenannte Zukunft Berlins auf den Straßen oder im Stadtbild zu erkennen sei. Selbstverständlich kann dem auch widersprochen werden. Und diesem, logisch, auch. Zugleich läßt sich monieren, daß man an allen Ecken und Enden mit der Nase auf die Vergangenheit gestoßen wird, und genauso geläufig klingt die Behauptung, daß der Umbau der Stadt Orte der Vergangenheit eliminiere, wie auch die Aussage, Vergangenheit und Zukunft gingen hier eine Verbindung ein. Ein Thema, bei dem niemand lügt: phantastisch. Wenn Sie die Wahrheit sagen wollen, dann sagen Sie einen Satz über Berlin! Oder wenn Sie etwas sagen wollen, das so nicht stimmt, dann sagen Sie einen Satz über Berlin!

Und der Palast der untergegangenen Republik soll bleiben, und der Palast soll weg, und was passiert? Er wird bleiben, und er wird verschwinden. Was bleiben wird, wird sein Verschwinden sein, was verschwinden wird, wird sein Bleiben sein, so ist das hier. Und die DDR ist verschwunden, doch scheint sie seit diesem Datum ihren Ex-Bürgern erst gegenwärtig geworden, erst wieder richtig eingefallen zu sein, scheint eine bessere DDR hinzuerfunden worden zu sein. Und aus dem Arbeiterschließfach wird ein Arbeitslosenschließfach, und da hätten sie doch lieber ihr Arbeiterschließfach zurück.

Man kann Berlin dominiert sehen von den Sünden des Nachkriegs-Wiederaufbaus, oder bereits dominiert durch den Nach-Beitritts-Wiederaufbau. Man kann sich über den Potsdamer Platz ärgern, und man kann sich an ihm erfreuen. Man kann Berlin hassen oder lieben. Man kann in der Friedrichstraße ein Leben erkennen oder auch keins. Man kann denken, die leeren Bürohäuser werden eines Tages vermietet sein, und man kann das Gegenteil vermuten. Man mag Baustellen oder man mag Baustellen nicht. Man sucht gezielt Veranstaltungen und Diskussionen zum Thema Stadtbild auf, oder man bleibt ihnen gezielt fern.

Aus dreiundzwanzig Bezirken sollen zwölf werden. Die Selbstbeschreibung der Stadt bahnt sich ihren Pfad durch den Bedeutungsdschungel. Zeitungen und Fernsehen bringen täglich die Stellungnahmen der Betroffenen, und betroffen ist jeder, formal. Ein wunderbares Chaos. Bei dem einen Zusammenschluß zweier Bezirke heißt es, sie seien einander überhaupt nicht ähnlich, sie paßten nicht zusammen, bei dem anderen Zusammenschluß zweier Bezirke heißt es, sie seien sich in ihren Problemen so ähnlich, daß das Problem sich dort ballen werde. Wir lernen daraus, daß zwei Bezirke nie zusammenpassen, weder wenn sie unterschiedlich, noch wenn sie ähnlich sind. Die Selbstbeschreibung muß pausenlos in Gang gehalten werden, alles, noch der letzte Stumpfsinn ist öffentlich.

Das hiesige Maß kann niemals die Gleichform sein. Nicht Fließen, sondern Hoppeln, nicht ruhiges Traben, sondern Lauf mit Zwischensprints. Seit der Stadtvergrößerung hat das Beschauliche sich verflüchtigt. Kein Promenieren ohne Hindernisse. Eine Stadt zum Bezwingen, zum Gemachthaben. Eine Idylle aus Schweiß und Blut. Insel des Terrors. In ihrer Zerschossenheit die einzige liebenswerte Stadt. Es war möglich, die Geschichte zum Teil abzuräumen, aber es ist unmöglich, die deutsche Geschichte gänzlich aus dem Stadtbild zu verbannen. Die einzige wahre Stadt, weil sie von nichts schweigt. Eher spricht sie zu viel. Genaugenommen plappert sie unaufhörlich, egal, ob jemand das alles hören will oder nicht. Wer hierher geht, hat sich entschieden, der gebrochen faselnden Stadt zuzuhören und ihrem Sound seinen eigenen hinzuzugeben. Ich verstehe alle, die nicht hierher wollen, sollen sie bleiben, wo sie sind. Es genügt, wenn die herkommen, die es wollen, es gibt schon genug sich deplaziert fühlende Ortsansässige, die ihrer Halbstadtidylle nachjammern, egal, auf welcher Seite, doch schaffen sie es nicht mehr zu gehen. Ohnehin nimmt die Bevölkerung ab und schichtet sich um. Wem die Stadt zu sehr brummt, zieht ins Umland ab, wer das Knallen oder den ununterbrochenen Text braucht, das ganze Programm, fliegt ein und macht mit und genießt den Krach der einzigen liebenswerten Stadt.

Die Stadt ist weder das eine noch das andere, die Stadt ist weder so noch so, die Stadt ist immer beides zusammen, sonst wäre sie nicht Stadt. Mehr noch: Die Stadt ist die Summe dessen, was in den Gesprächen über sie gesagt wird. Die Stadt ist nur steinern da, die Menschen erst machen etwas aus ihr, praktisch und verbal. Die bezeichnete Stadt ist eine Bezeichnung dessen, der spricht, auch sein Gegenüber, der etwas anderes über die Stadt sagt, gibt lediglich Auskunft über sich selbst, niemals über die Stadt, allerdings über die Stadt in seinem Kopf. Die Stadt ist eine Summe von Unterschieden. Meinungen über die Stadt räumen Unterschiede am liebsten aus und werten das Vorhandene. Eine Stadt ist die Summe der Wertungen ihrer Bewohner und Gäste.

Man hat es hier auf beiden Seiten schwer, weil die Bewohner Berlins gewohnt waren, im Sozialismus zu leben. Die einen im Staatssozialismus, die anderen im Subventionssozialismus. Auf beiden Seiten taten sie das über ihre Verhältnisse, die Party Westberlin ebenso wie das Militärkonzert DDR.

Rammstein 2

Es ist schweinelang her, ich glaube, es war in meinem vorigen Leben, als man hierzulande darüber diskutierte, warum es im Westen keine akzeptable Rockmusik mit deutschen Texten gebe, ob man sich Rockmusik nur mit englischen Texten vorzustellen habe, ob man hierzulande unfähig sei, Liedtexte in der eigenen Sprache zu verfassen und zu singen, abgesehen von den Schlager- und Bänkelsängern. Mit Ausnahme der gewöhnlichen, in Deutschland zum Inventar zählenden negativen Nationalisten, die sich seit eh und je alles Deutsche als Feindbild halten, gab es einen mehr oder weniger breiten Wunsch nach modernster Musik auch mit deutschen Texten, doch waren die ersten Versuche in den späten sechziger und frühen siebziger Jahren ungeschickt, unfähig, deprimierend und nahezu der Beweis dafür, daß dieses Unterfangen unmöglich sei. Es war Udo Lindenberg, dem der Gegenbeweis gelang. Das Publikum akzeptierte seinen sogenannten Deutschrock, und immer mehr Musiker versuchten es dann mit ihrer eigenen Sprache. Udo Lindenberg hat eine Tür geöffnet oder einen Pfad gewiesen, er war ein Pionier, ein Erster, man kann ihm danken, man kann aber auch mit Grausen bedenken, daß damit das Übel erst begonnen hat.

Zwar werden seither endlich deutsche Texte zu harter Musik gesungen, und es ist sogar selbstverständlich geworden, doch ist der Einstieg damals der denkbar schlechteste gewesen, da er unter der Prämisse einer Spaßkultur geschehen ist. Udo Lindenberg hätte mit seinen Nummern niemals Erfolg gehabt, wenn sie nicht witzig gewesen wären bis zum Wortwitz hin, wenn ihm die Lockerheit im Ausdruck nicht gelungen wäre, genaugenommen hat er nur deswegen deutsche Texte als möglich erscheinen lassen können. Es war ja damals erst noch zu beweisen, daß so etwas überhaupt möglich war, es ging nicht um Feinheiten, sondern prinzipiell um die Akzeptanz deutscher Texte zu Rocknummern. Der Zwang zur Witzigkeit und zur Spaßkultur hat daraufhin die besten Ansätze kaputtgemacht. Es wurde rumgewitzelt und rumgeblödet bis zum Anschlag, es entstanden gutgemeinte schlechte Texte en masse, und es war kein Wunder, daß knapp zehn Jahre nach dem Einstieg eine sogenannte Neue Deutsche Welle propagiert wurde, während der alle, die das Alphabet beherrschten und eine Gitarre halten konnten, mit ihren Schwachsinnstexten auf die Konsumenten losgelassen wurden. Neben dem

Spaßterror fand vorerst nur noch der Gesinnungsterror Platz in deutschen Rocktexten, man denke nur mal kurz an BAP, und gleich wieder an was anderes. Selbstverständlich gab es wenige Ausnahmen, gab es Texter und vor allem Texterinnen, die hineinhörten, wie ein Wort klang, und die reduzierte Texte schrieben, eben Liedtexte, wie sie diese Kultur so lange schon kennt und permanent zu vergessen scheint. Udo Lindenbergs Einstieg ist es zu verdanken, daß mehrere Musikergenerationen nicht zum Lied fanden, sondern zum geschwafelten Text, am besten in der Umgangssprache, am besten im Gesprächs- und Kumpelton mit Hunderten überflüssiger Wörter. Hätten Udo Lindenberg und die anderen mit kurzen klaren Texten Erfolg gehabt, hätten wir bisher auf solch eine Tradition zurückschauen können, statt dessen fallen einem nur Ulknudeln und Lustigkeitsfanatiker ein, die sich nicht zu blöd sind, Sauflieder in ihre CDs zu brennen. Spaß muß sein, und zwar gnadenlos, wenn wir uns dafür entscheiden, dann ziehen wir es auch durch. Dieser Funzwang zog sich locker bis in die Neunziger und wurde mit dem Hip-Hop-Gequatsche, nicht schlecht, aber immer noch gnadenlos witzisch, fortgesetzt. Immer noch war Witzischkeit der absolute Zwang – bis endlich Rammstein kam. Rammstein steht für eine immer unterdrückte und viel zu kurz gekommene Liedkultur. Strophe und Refrain, so knapp wie möglich gehalten, so verschieden auslegbar, wie man es sich kaum vorstellen kann. Gründlich durchgearbeitete Lieder, die mühelos als Gedichte durchgehen, die sich reimen. Der Reim spielt im deutschen Gedicht etwa die Rolle, die streng gebaute knappe Texte im Rock 'n' Roll spielen: beide waren für Jahrzehnte out, vor beidem hatte man eine fast verständliche Berührungsangst. Rammstein steht dafür, daß diese Berührungsangst vorüber ist. Rammsteins Erfolg beim Publikum spricht dafür, daß das Publikum ebenso fühlt.

Vielleicht haben die Leute das Nuscheln satt. Seit über zwanzig Jahren wird in hiesigen Rocksongs mit deutschen Texten um die Wette genuschelt, Stimmung, Humor, Emotion, politisch korrekte Ansichten, alles mögliche soll rüberkommen zum Publikum, nur nicht der Text, nur eine klare Aussprache nicht. Dabei weiß jeder, daß man durch Nuscheln nicht die Emotion gezielter rüberbringt, sondern daß es ein Hinweis darauf ist, daß man mit dem, was man da zu sagen hat, nicht klarkommt und es während des Aussprechens gleichsam verschlucken möchte. Bei Rammstein höre ich jedes R ganz klar, jedes T am Ende eines Wortes deutlich ausgesprochen.

Überliefert ist die poetologische Bemerkung des

amerikanischen Lyrikers Frank O'Hara, daß ein Gedicht keine Sache zwischen zwei Seiten, sondern eine Angelegenheit zwischen zwei Personen sei. Fast alle Texte von Rammstein beschreiben Angelegenheiten zwischen zwei Personen. Viele der Titel verraten es bereits: SPIEL MIT MIR, HEIRATE MICH, BESTRAFE MICH, BÜCK DICH, KÜSS MICH.

Es gibt tausend Lieder, die Eifersucht zum Thema haben. Meistens hören wir dabei dem Eifersüchtigen zu, oder wir hören, was er denkt. Aber was ist mit der anderen Seite, mit dem Menschen, der der Grund der Eifersucht ist. So gut wie nie spricht der in Liedern. Auch Eifersucht ist eine Angelegenheit zwischen (mindestens) zwei Personen. Rammstein gibt dem Gegenstand der Eifersucht eine Stimme und einen Ort; die Küche: Hab ich so glatte Haut / Zieh sie in Streifen ab / Hab ich die klaren Augen / Nimm mir das Licht / Hab ich die reine Seele / Töte sie in Flammen / Hab ich dein Weib dann / Töte mich und iß mich ganz auf / Dann iß mich ganz auf / Doch leck den Teller ab / Es kocht die Eifersucht.

Weil es kaum eine Übung gibt im Umgang mit prägnanten deutschen Texten, die nicht mit der Schere im Kopf geschrieben sind, entsteht diese verstörende Polarität bei den Rezipienten der Rammsteinmusik. Der Verkaufserfolg spricht davon, daß solche Texte akzeptiert werden. Der vehemente Widerstand aus Kreisen, wo man generell eine mißtrauische Miene macht, wenn jemand ohne Entschuldigung zu seiner Herkunft, Sprache und Liedkultur steht, sobald diese deutsch sind, spricht davon, daß das immer noch nicht normal sein darf in diesem Land. Diese Kreise merken an den Texten von Rammstein und am Auftreten der Musiker sofort, daß dies nichts mit ihrer verkrampft lustigen politisch korrekten Laberkultur zu tun hat. Und Rammstein weiß genau, wovon sie sich absetzen, womit sie nichts zu tun haben wollen. Es kommt mir manchmal vor, als seien all diese schönen Rammsteinlieder gegen die Laberliedunkultur der letzten Jahrzehnte angeschrieben und dann musikalisch aufgestemmt worden. Gefangen in der Finsternis / Sieht sie nie das Licht der Sonne / Vor Geilheit zuckend fleht sie dann / Die Zunge in dem Manne an.

So nimmt das deutsche Mißverständnis seinen Lauf. Weil der durchaus verkaufsfördernde Nationalismusverdacht aufkommt, wenn prägnant deutsch gesungen wird, denkt dieser oder jener, nationale Töne seien angesagt, und springt auf einen Zug auf, der gar nicht vorüberfährt. Dann entsteht eine CD mit dem Titel Bayreuth eins, die lustigerweise von einem knapp Fünfzigjährigen aufgenommen wird, der fünfzehn Jahre früher, während der sogenannten Neuen Deutschen Welle, einen einzigen Hit hatte und seitdem keinen gescheiten Ton von sich gab: Joachim Witt. Hier handelt es sich nur um eine Erinnerung an Musik. Instrumente sind kaum auszumachen, und wenn, dann weit weit hinten in einem elektronischen Teppich aus recycelten, durch und durch gesampelten Einheiten, die bis zur Unkenntlichkeit weggemischt, zusammengemischt, gemischtgemischt sind, so daß jeder Bestandteil gleich schwach klingt und als sei alles gar nicht so gemeint, wie es daherkommt, was zweifellos zutrifft. Witt vertraut weder seinen Texten noch seiner Musik, weswegen beides hingenuschelt ist, aber mit einem mächtigen dunkelanspielungsbereiten Raunen, das am besten geraunt ist, wenn man außer Raunen nichts mehr hört. Rammstein, nicht weniger ausgefuchst im Umgang mit Elektronik, hat sich für die Gitarre, den Baß, das Schlagzeug entschieden, sampelt diese Instrumente nicht weg, sondern verstärkt höchstens deren Originalität. Joachim Witt hat sich eine neue tiefe Stimme zugelegt, die an Rammstein erinnert, gern schrammt eine tiefe Gitarre, die an Rammstein erinnert, durch seine dunklen Teppiche aus Klängen. Dazu das übliche Vokabular an Düsternis- und Endzeitworten, und fertig ist eine unerträgliche Brühe, die die nützliche Nebenwirkung hat, daß der Hörer wieder weiß, was er an Rammstein hat. Rammstein.

Berlin ist voller Menschen, die nicht zugeben, daß sie sich mögen

Schöne Städte sind unerträglich. Venedig ist nahe daran, unerträglich zu sein. Es stinkt zum Himmel, wenn die Nebenkanäle ohne Wasser sind und auf dem kahlen Grund die Scheiße liegt. San Francisco ist nahe daran, unerträglich zu sein, hauste dort in den liegengelassenen Baulöchern nicht der schwarze Rand auf einem Stück hellbrauner Pappe. Eine schöne Stadt ist ein Widerspruch in sich. Berlin ist erträglich.

Wenn wir in einigen Jahrzehnten durch Berlins Mitte pilgern und die Bauwerke der Einheit anschauen, werden wir uns ein weiteres Mal umgeben sehen von einer Vergangenheit und erneut von der Vergangenheit eines Aufbaus. Jede unserer Vergangenheiten ist hier anfangs ein Aufbau gewesen, jede Gegenwart ein Rückblick auf einen Aufbau. Jeder Aufbau hat hier die Formel seines Endes, seiner Auslöschung in sich. Welches Haus am Potsdamer Platz wird als erstes abgerissen werden? Welches wird Neubauruine bleiben, und wo entsteht derzeit der große, bleibende Erfolg? Diese unterschiedlichen Bewegungen können niemals zu einer sogenannten schönen Stadt führen. Die Stadt ist ein ewig unabgeschlossenes Projekt. Hier ist das Schöne nur eine Erscheinung unter vielen anderen, von denen nicht wenige häßlich sind. Es gibt keine Schönheit an den Verschiedenheiten, auch den Häßlichkeiten, einer Stadt vorbei. Eine Stadt ist keine schöne Stelle, eine Stadt hat schöne Stellen. Diese können allerdings innerhalb kurzer Zeit zu den unansehnlichsten Stellen werden, so wie sich hin und wieder ein trostloser Ort zu einem sehenswerten Anblick mausert, oder wie aus einer Brache ein Wohnpark entstehen kann, und wie der einst schöne Wohnpark zu einem über die Stadt hinaus bekannten Getto verkommt. Wenn es hier eine Schönheit gibt, dann ist es die Schönheit dieser Bewegungen, oder die Tatsache, daß die unterschiedlichsten Kulturen und Darstellungsformen nebeneinander sich ausdrücken können. In der Stadt befinden sich Dinge und Menschen, die nicht das geringste verbindet, räumlich nah beieinander, so daß ihre Unterschiede kraß ins Auge stechen. Gleichzeitig ist aber auch zu sehen, daß es sich nicht um verschiedene Welten, sondern um Unterschiede innerhalb derselben Welt handelt. Sie schließen sich gegenseitig aus, weil sie unterschiedlich sind, und sie schließen sich gegenseitig ein, weil sie beisammen sind. Die Stadt führt die Unterschiede zusammen, indem sie sie nebeneinander für sich existieren läßt. Die Stadt schürt die Konflikte und ist zugleich der Ort des Einanderkennenlernens der Konfliktparteien.

Hinweis, Dank

Geschrieben im Sommer 1998.

Zur gleichen Zeit gehört:
  Autechre
  Dubmission2: The Remixes
  Kruder & Dorfmeister
  Rammstein

129 *Arten sich durch die Stadt zu bewegen* ist zusammen mit Barbara Hacke entstanden.
 Die MissTic-Photos hat Unda Hörner in Paris aufgenommen.
 Dorf wurde etwas gekürzt im *Tagesspiegel* vom 5. 8. 96 gedruckt.
 Schöne Sommer erschien leicht gekürzt in der *tageszeitung* vom 20. 2. 97.

Bodo Morshäusers Bücher
im Suhrkamp Verlag

Die Berliner Simulation
Erzählung. 1983

Blende
Erzählung. 1985

Nervöse Leser
Erzählung. 1987

Revolver
Vier Erzählungen. 1988

Hauptsache Deutsch
1992

Der weiße Wannsee
Ein Rausch. 1993

Warten auf den Führer
1993

Tod in New York City
Roman. 1995